プロ野球の名脇役

二宮清純

JN265121

光文社新書

まえがき

大記録・9者連続三振はどうやって生まれたのか

「日本一の斬られ役」と呼ばれた男がいる。東映京都撮影所の大部屋俳優・福本清三さんだ。時代劇を中心に50年以上にわたって映画やテレビに出演し、「5万回斬られた」との逸話を持つ。ギネスブック級の記録だ。映画『ラスト サムライ』では、あのトム・クルーズとも共演した。その時の英語版公式ホームページには「kirareyaku（斬られ役）」と紹介されたという。

福本さんは、ありとあらゆる役を経験した。その中には「死体」も含まれている。〈なんで自分の頭が割れたのかなんてことを、死体が考える必要はありませんやろ。だいたい、死体にわざわざ台本をくれる監督がおりますかいな。「フク、お前は死んどる。黙って、お前は死体やっとったらええ」てなもんです。（中略）「お父さん、お父さん！」って、娘役に激しく揺り動かされると、目も動きますがな。目を開いて死んでいる時は、もっと大変です。瞬き禁止ですから。パチクリして生き返ったら、しょうもない〉（小田豊二との共著『どこかで誰かが見ていてくれる』集英社文庫）

ただ寝転がっているわけではない。死体には死体の苦労があるのだ。

思えば、斬られ役に技術と個性がなければ斬り役、つまり主役は光らない。ある意味、斬り役を光らせるも光らせないも、それは斬られ役の腕次第なのである。

そして、それはプロ野球についても同じことが言えるのではないか。

江夏豊と言えば、球界のレジェンドである。黄金の左腕が球史に刻んだ数々の伝説の中でも、１９７９年の日本シリーズでの熱投「江夏の21球」とともに、語り継がれているのが71年のオールスターゲームでの９連続奪三振である。

タイムトンネルをくぐろう。舞台は西宮球場だった。

全セの先発である江夏は初回、有藤道世、基満男、長池徳二を３者連続三振に切って取った。２回、全パの４番は江藤慎一。セ・パ両リーグで初めて首位打者に輝いた強打者だ。２ストライクナッシングからの３球目のストレートを江藤はフルスイングした。江夏が投じた渾身のストレートは、江藤のバットのはるか上を通過し、キャッチャー田淵幸一のミットを突き上げた。見逃せば明らかなボール球だった。

江夏は続く土井正博、東田正義からも三振を奪い、連続奪三振を6とした。そして迎えた3回、阪本敏三、岡村浩二、代打の加藤秀司を三振に切って取り、史上初の9連続三振を達成したのである。

加藤がファウルフライを打ち上げた瞬間、江夏が「捕るな!」と叫んだのは実は誤りで「追うな!」が正しいのだと、以前、バッテリーを組んでいた田淵から聞いたことがある。

「ファウルフライを捕るな、という意味じゃない。江夏は加藤の打球がスタンドに飛び込むことがわかっていたんだ。だから〝追っても無駄だよ〟と言いたかったんだよ。もちろん、オレも打球の方向からしてスタンドに飛び込むことは最初からわかっていた。だからハナから追っかける気はなかったけどね」

この偉業は、どんな言葉をもってしても称え切れるものではない。しかし、とも思う。もしパ・リーグの猛者《もさ》たちがバットを短く持ち、記録阻止に動いていたら、あの大記録は誕生しなかったはずだ。

4番の江藤にいたっては、ボール球とわかっていながら斬るか斬られるかの一騎打ちに臨んだ。フルスイングこそが己の誇りであり、18・44メートル先にいる主役への敬意だと江藤は考えていたのだろう。他の8人も、同じ思いだったに違いない。

そうであれば、9連続三振はパ・リーグの不名誉では断じてない。一騎当千の兵たちの名誉の傷だったのではあるまいか。

結論を述べれば、9人から連続して三振を奪った江夏もスゴイが、三振を恐れてバットを短く持ったり、コツンと当てにいったりしなかったパ・リーグの9人もスゴイ。江夏が主役なら、パ・リーグの9人は〝名脇役たち〟である。プライドをかけた双方の意地のぶつかり合いが、あの名シーンを演出したと考えるべきだろう。

本書では脇役の対象を選手のみならず、コーチ、スコアラー、バッティングピッチャーにまで広げてみた。大きな歯車もあれば、小さな歯車もある。噛み合わせが悪ければチームは機能しない。その意味でチームとは精巧な時計のようなものである。

タイトルを単なる脇役ではなく「名脇役」としたのは、単に与えられた居場所と役割に甘んじるのではなく、その仕事ぶりに自己主張と個性を潜ませることを忘れなかった者たちだからである。

仮に小さな歯車であっても、取り換えがきかない唯一無二の存在――。プロ野球における名脇役の定義とは、そういうことではないだろうか。
なお、本書を世に送り出すにあたっては光文社の古谷俊勝氏、森岡純一氏、古川遊也氏の尽力に依るところが大きい。株式会社スポーツコミュニケーションズの石田洋之氏、斎藤寿子氏にもサポートを頂いた。一昨年に上梓した『プロ野球の職人たち』と併せて読んで頂ければ、幸いである。

本書に記載されている肩書き、記録は全て２０１４年開幕前のものです。

目次

【バッテリー編】

【スタッフ編】

元オリックス・バファローズ

田口 壮

So Taguchi

僕とイチローが前にきて、
本西さんが後ろに下がる。
この布陣なら
抜かれる気が
しませんでしたね。

田口 壮(たぐちそう)
1969年、兵庫県出身。
92年、ドラフト1位でオリックス・ブルーウェーブ入団。
2002年、セントルイス・カージナルスに移籍、
06年にワールドチャンピオンに貢献する。
08年に移籍した
フィラデルフィア・フィリーズでも
ワールドチャンピオンに。
その後、シカゴ・カブスを経て、
10年、オリックスに復帰し、12年引退。
●
ベストナイン:1回(96年)
ゴールデングラブ賞:5回(95〜97年、00〜01年)

2012年9月に引退を発表した田口壮は、日本プロ野球（NPB）で12年、メジャーリーグ（MLB）で8年プレーした。日本シリーズとワールドシリーズにも出場し、1度の日本一と2度の世界一を果たしている。

アメリカではマイナーリーグ生活も経験した。また日本代表としてオリンピック（00年シドニー大会）にも出場している。

打順も1番から9番まで、すべてこなした。プロに入って3年目で外野手に転向したが、それまでは内野手だった。日米で守ったポジションはショート、セカンド、サード、レフト、センター、ライトの6つに及ぶ。

何から何まで、これだけ多くのことを経験した選手は、そうはいない。43歳まで現役を続けることができたのは守備、走塁、打撃のすべてが高い水準にあったからに他ならない。万能型のバイプレーヤー――。近年のプロ野球界で、彼ほどこの言葉が似合う選手はいない。豊富な経験に基づく独自の野球論に迫る。

ラルーサの下で野球がやりたい

01年にオリックスからFA宣言した田口は阪神から「3年総額8億円」という魅力的なオ

ファーを得た。

ところが田口が選んだ先はメジャーリーグのセントルイス・カージナルス。「3年300万ドル（約3億9000万円）＋出来高」という条件は阪神の掲示額をはるかに下回るものだった。

しかも田口がカージナルスと結んだ契約は「ノーマル」と呼ばれるものでトレード拒否条項やマイナー降格拒否条項は含まれていなかった。

お世辞にも恵まれているとは言えない契約内容ながら、なぜ彼は海を渡ったのか。その理由は、いかにも勉強家の田口らしいものだった。

「オリックスで一緒にプレーしたアメリカの選手、たとえばウィリー・フレイザーやクリス・ドネルスらに〝もしアメリカでプレーするんだったらどこがいい？〟と聞くと、大抵、次の3人の監督の名前を挙げるんです。ルー・ピネラ、ジョー・トーリ、トニー・ラルーサ。〝彼らの下でやったら、野球がおもしろい〟とね。

その中でも〝カージナルスはいいぞ〟と。〝セントルイスはベースボールヘブンだから、誰もが一度はあそこでやりたいと思っているんだ〟と。

ならば〝ラルーサのいるカージナルスでやろう〟と。だから僕の場合は〝ラルーサの野球を直に学びたい〟というのが、海を渡った一番の目的でした」

トニー・ラルーサ。シカゴ・ホワイトソックス、オークランド・アスレチックス、そしてカージナルスの3球団で指揮を執り、ア・リーグで3回（1983年、88年、92年）、ナ・リーグで1回（02年）、最優秀監督に選出されている。ワールドチャンピオンにもアスレチックスを1回、カージナルスを2回導いている。

すべての采配に根拠がある

メジャーリーグを代表する名将から、田口は何を学んだのか。

「とにかく、あれくらいきっちりしている人はいないですね。采配にはすべて根拠があります。一瞬の閃きや気紛れで采配を振るったことは一度もありませんでした。

たとえば試合後、監督室まで行って〝なんで今日、あんなところでヒットエンドランを仕掛けたのですか？〟と聞いたとします。彼はそのバッターとピッチャーのその年の対戦成績や、場合によっては前年の対戦成績まで引っ張り出してきて、僕にちゃんと理由を説明してくれるんです。

このように、こちらが納得するまで話してくれるから聞いている側はおもしろかったですよ。ベンチにいても、ついつい〝今日はどんなサインを出すんだろう?〟と気になってしまう監督でした。

だから、準備もしやすいんです。5回を過ぎたくらいから〝このピッチャーが出てきたらオレだな〟という具合にこちらとしても展開が読みやすい。もう全部決まっていますからね。そうなると自ずと結果も付いてくる。采配が理詰めだから、うまくハマるんですよ。選手にとって、これだけやりやすい監督はいなかったですね」

開幕当日の悲劇

だが、田口とラルーサの関係はずっとハネムーンだったわけではない。

レギュラーの座を目指した2年目のシーズン、田口はエキシビションゲーム(オープン戦)で3割近い打率を残す。ところが彼は開幕をマイナーリーグで迎えなければならなかったのだ。

「あれはショックでしたね。26人の中から、僕ひとりがマイナー落ちしたわけですから……」

苦い思いを噛み締めるように、田口は語り、続けた。

「フロリダでの春のキャンプが終わり、メンフィスに寄ってからセントルイスに帰る飛行機でのことです。26人の選手が乗っていました。開幕ロースターは25人ですからね。〝なんで26人乗ってるんやろう。怪しいなぁ……〟という思いが僕の中にはありました。

まぁ、僕もボーダーライン上の選手ではありましたが、一応、オープン戦で打っていましたからね。他の選手も〝オマエは大丈夫だ。わからないことがあったら何でも教えてやるから一緒に頑張ろう〟なんて言ってくれていたんです。

で、開幕の前日も普通に練習をこなし、開幕の朝、球場に行ってユニホームに着替えようとしたら、監督室に呼ばれたんです。いきなり〝これを見てくれ〟とラインナップを突き付けられました。

控えの5人は右バッターが2人、左バッターが2人、スイッチヒッターが1人。そこに僕の名前はないんです。ラルーサは〝これがオレの考えているバランスだ〟と。〝ここにオマエを入れて左バッターを（マイナーに）落とすとバランスが悪くなるだろう〟とこうですよ。

そんなこと言われたって、こっちは簡単に納得できませんよ。〝オープン戦で、あれだけ頑張ったオレはなんやったんや⁉〟と。開幕戦を見るために、わざわざ日本から両親も来ているんですよ。〝今日は開幕やな〟と喜んでくれているのに……。

結局、両親と嫁と4人で5時間かけて（3Aの）メンフィスに行きました。たくさんのお客さんが楽しそうにしているなか、僕ひとり大きなバッグを担いで車に乗って……。まさか自分が26分の1になってしまうなんて思ってもみなかった。さすがに見かねたGM補佐が〝大丈夫か⁉〟って心配してくれましたけど〝大丈夫なわけないやろ！〟って。アメリカに来て初めて文句を言いましたよ」

田口はこの苦境をどうやって乗り越えたのか。

「最初の2カ月くらいは、全然、気持ちを切り換えることができませんでした。オープン戦で結果を出したにもかかわらず（メジャーのロースターに）残れない。〝じゃあ、どうやったら残れるんだろう？〟となるじゃないですか。

そんな悶々とした日々を送っていたある日、5月の終わり頃だったと思いますが、GM補佐が僕を訪ねてきてくれたんです。〝大丈夫か？〟って。僕は〝そう簡単に精神的ショックは癒えないよ〟と答えたんですが、考えてみれば、GM補佐がわざわざ訪ねてくれるということは、まだ見捨てられていないということ。

それやったら〝頑張らんといかんわ〟となるじゃないですか。そこからですね。気持ちをうまく切り換えることができたのは……」

天敵が脱帽した会心の当たり

結局、メジャーリーグ2年目の03年は43試合にしか出場できなかったが、翌04年、109試合に出場し、打率2割9分1厘という好成績を残す。チームはナ・リーグを制し、ワールドシリーズに進出したがボストン・レッドソックスにスイープ（4連敗）された。

そして迎えた05年、田口はメジャーリーグにおけるキャリアハイを記録する。自己最多の143試合に出場し、打率2割8分8厘、8本塁打、53打点、11盗塁。8月には12試合連続安打を記録した。

忘れられないのが翌06年のポストシーズンゲームでの活躍だ。カージナルス対ニューヨーク・メッツのナ・リーグチャンピオンシップ第2戦、田口は9回表無死無走者の場面で打席に入った。

マウンドにはメッツが誇る守護神ビリー・ワグナー。レギュラーシーズンでは40セーブをあげていた。

それまで田口はワグナーに対し、5打数無安打。どう見ても勝ち目はないように思われた。

ところが、である。サウスポーから投じられたフルカウントからの158キロのストレートを引っぱたくと打球はレフトスタンドに突き刺さった。これが決勝ホームランとなり、カージナルスは星を1勝1敗のタイに戻した。

「あれは奇跡ですね」

苦笑を浮かべて田口は振り返る。

「あの時は、塁に出ることだけを考えていました。何とかして出ようと。ただ、それだけですよ。打ったボールは目茶苦茶、速かった。ドンピシャのタイミングですよ。また、そうじゃないと入らないでしょう」

第6戦でも、田口は大仕事をやってのけた。9回表2死二、三塁の場面で再び代打に起用された。マウンド上には、またもやワグナー。得点は4対0とメッツのリード。

5球目のスライダーを田口は見逃さなかった。レフト線に2人の走者を迎え入れるタイムリーツーベース。カージナルスは2対4で敗れたものの、打たれたワグナーは「今の彼はベーブ・ルースに見える」と脱帽するしかなかった。

1度ならず2度までも。これはもうフロックではない。田口も「あれは自信を持って打ちました」と、きっぱり言い切った。

「向こうが僕のことを気にしているのがよくわかりました。前のホームランで〝僕との対決を嫌がるだろうなぁ〟と思っていたら、案の定でした」

カージナルスとメッツのリーグチャンピオンシップは最終第7戦にまでもつれ込み、カージナルスが3対1で勝って2年ぶりのリーグチャンピオンに輝いた。

特筆すべきは、ワグナーが接戦でマウンドに上がらなかったことだ。メッツのウィリー・ランドルフ監督は、田口が気になって切り札を投入することができなかったのだろう。だとすれば、これはもう田口の手柄である。

ワールドシリーズでもカージナルスはデトロイト・タイガースを下し、田口は世界一の瞬間をライトのポジションで味わった。

〝大雑把〟ではない米野球

08年にはフィラデルフィア・フィリーズでもプレーし、2個目のチャンピオンズリングを指にはめた。ちなみに「世界一」を記念してつくられるチャンピオンズリングを2つ持っているのは、日本人では田口の他に伊良部秀輝、井口資仁《ただひと》だけである。

ただし、伊良部、井口はポストシーズンゲームに出場していない年がある。それゆえに田口の2個のリングはより輝きを帯びている。

フィリーズ時代の監督チャーリー・マニエルはヤクルト、近鉄でプレーしたことのある日本通だ。選手に課した早出の特打はマニエル自身が日本で経験したものだ。

「彼はよく僕に言いましたよ。〝日本ではどれほど練習するか、皆に教えてやってくれ〟と。チャーリーの意を受けて〝死ぬほどやるんだぜ！〟なんて僕も言いましたけど（笑）」

試合前の練習と言えば、日米間には大きな違いがある。たとえばバッティング練習。真夏でも日本は通常の季節と同じぐらいの練習量をこなす。しかしアメリカでは簡単なアップだけですませることもある。Tシャツと半パン姿の選手も少なくない。

これについての田口の見立てはこうだ。

「アメリカの場合、ビジターにもちゃんとケージ付きの室内の練習スペースがあるんです。ダグアウトの裏に。だから早めに球場にやってきて、そこで打つことができるんです。それから外に出て打つこともありますが、確かに暑い場所での練習は避けたがりますね。

アメリカの野球の基本はできるだけ体力を温存して、ゲームできっちり戦いましょうということ。翻って日本は練習をきっちりやっておかなければ、試合にも成果は表れないという考え方。これについては、一概にどちらが正しいとか間違っているとかは言えないと思います」

よく日本の野球に比べてアメリカの野球は大雑把という話を聞くが、さて、これについてはどうなのか。

「いや、必ずしもそうではないと思います。映像解析なんかは日本よりもアメリカの方が速いですよね。アメリカでは打席が終わると、すぐに確認することができる。たとえば見逃し三振に倒れたとしましょう。ベンチの裏に行って、〝どうやった？〟とスコアラーに聞くと、編集したテープをすぐに見せてくれます。パソコンの前に座ってカチッとやると、即座に三振したボールが映りますよ。

いつも同じ角度から撮っているビデオがあるので、スコアラーも見て〝オレの感覚ではボールやな〟とか言ってくれる。〝それやったらエエわ。同じ感覚やな〟という具合に双方ですり合わせをすることもできます。

しかもアメリカの球団にはコンピュータ技師というか、データオタクみたいな若い人がいっぱいいるんです（笑）。メジャーリーグ30球団のビデオを全部録《と》っていて、〝あれを見せてくれ〟と頼むと、サッと出してくれる。このスピードにはびっくりしますね。

残念ながら日本は試合が終わるまでビデオを見ちゃいけないことになっている。だから、こういうハイテク技術の活用に関してはアメリカの方が先をいっていると言えるでしょう。

ただ、アメリカの場合、ピッチャーの傾向を分析しても、それを個々の選手に押し付けることはしません。〝オレはこういうふうに打つけど、オマエはどうや？〟とか、〝いや、オレのアプローチはこうやな〟といった具合に意見を述べ合いますね。

たまに打てないピッチャーに対して狙い球を統一することはありますが、それでも、そのピッチャーを打っているバッターにはああしろ、こうしろと強制することはありません。

逆にその点は日本の方が細かいかもしれません。よく言えば緻密なんだけど、ちょっと迫力に欠けるところもありますよね。アメリカのようにドカンドカンと点がとれないので足やバントを絡めるなど、あの手この手で攻めなければならない。体のサイズやスピードを補うためには仕方がないことかもしれませんが……」

災い転じて外野で開花

92年に関西学院大からドラフト1位でオリックスに入団した田口は、3年もたたないうちにショートから外野に転向した。俊足で強肩、フィールディングに難があったわけでもないのに、なぜショート失格の烙印を押されたのか。

原因はイップス（Ｙｉｐｓ）だった。元々はゴルフ用語でパッティングの際に悪影響を及ぼす運動障害のことを指す。多分に「原因は精神的なもの」と言われているが、実際のところはわかっていない。

「実は僕、入団したその年のキャンプ3日目でイップスにかかってしまったんです」

キャンプイン3日目とは驚く。本当にそんなことがあるのだろうか。

「ちょっと投げ方にクセがあって、それを（当時の土井正三）監督が〃直そう〃とおっしゃった。〃長く野球をやりたいなら直せ！〃と。ところが、バランスを崩してしまい、どう投げていいかわからなくなってしまったんです。上に行ったり、ひどい時には送球したボールがスタンドにまで飛び込んでしまった程です。

不思議なことに考える時間がない時はいいんです。三遊間のゴロに飛び込んでウリャーと投げる。こういう時は問題ない。ところが正面の当たりで余裕を持って捕って、ファーストが一塁ベースに入るのを待っていたりすると、〃どうしよう、どうしよう〃とドキドキしてくる。まるで爆弾でも抱えているような気持ちになるんです。〃早よ投げないかん。でも、どうやって投げたらええんや〃と葛藤する。やはりイップスは精神的な部分が大きいと思いますね」

プロ3年目、監督が土井から仰木彬に代わっても、田口のイップスは完治しなかった。

「4月の終わりに、ショートを守っていて立て続けに送球ミスをした。監督に交代を告げられた後で、こう言われました。〃もう、(ショートは) ええやろう〃って。僕は〃すいません〃としか言えなかった。次の日から外野に行かされました……」

しかし、人間、何が幸いするかわからない。結果的には外野コンバートが吉と出たのだ。イップスから解放された田口は、攻守両面においてドラフト1位の本領を発揮し始める。

強肩がランナーの抑止力に

レフト・田口、センター・本西厚博、ライト・イチローのトリオは球場拡張時代のパ・リーグの野球を大きく変えた。この鉄壁の外野陣なくして、95、96年のリーグ連覇はありえなかった。

その象徴的なシーンが96年の巨人との日本シリーズ第5戦で披露したレフト・田口とライト・イチローの〃大遠投キャッチボール〃だ。本拠地グリーンスタジアム神戸でオリックスは3勝1敗と日本一に王手をかけていた。5対1とオリックスが4点リードで迎えた4回表、巨人が反撃を開始した。1死一、三塁の好機で7番・井上真二の放った打球はハーフライナーとなってセンター前へ。

オリックスのセンターは広い守備範囲が売り物の本西。地面スレスレの打球がグラブの網にすっぽりと吸い込まれていく様子が、ネット裏からでもはっきりと見てとれた。

ところが二塁塁審の井野修は両手を広げる「セーフ」のジェスチャー。ダイレクトキャッチではない、との判定である。

すぐさま本西はバックホームしたが、三塁走者が還り、なおも3点差で一、二塁。ひとつの〝誤審〟がゲームどころか、シリーズの流れさえ変えようとしていた。

抗議のため、仰木はベンチから血相を変えて飛び出した。本西も憤懣やる方ない口ぶりで「こんないいプレーが台無しじゃないか」と訴えた。

しかし、たとえ〝誤審〟であっても、一度下したジャッジが覆ることはない。抗議による10分間の中断をはさんで、試合は再開された。

と、その時である。なんとレフトの田口とライトのイチローが肩慣らしのため〝大遠投キャッチボール〟を始めたのだ。

距離にして100メートル近くはあっただろうか。糸を引くようなボールが、それも寸分の狂いもなく相手のグラブに吸い込まれていくのだ。スタンドからはオーッという感嘆の声が漏れた。

結局、このシリーズ、オリックスは4勝1敗で日本一になるのだが、巨人との差は外野の守備力にあった。普通の外野陣なら抜けているような打球でも、この3人は容易にそれを処理することができた。加えて両翼は超の字のつく強肩ときているからランナーは補殺を恐れてアクセルを踏むことをためらった。肩が抑止力の役割を果たしていたのである。

「仮に1死二塁だったとしましょう。センター前ヒットだけは許すなという布陣でした」

振り返って田口は語る。

「二遊間さえ抜かれなければ、まずホームに還すことはありませんでした。僕とイチローがちょっと前にきて、本西さんが後ろに下がる。右中間、左中間は本西さんがカバーするんです。この布陣なら全く抜かれる気がしませんでしたね」

天才イチローにしかできない技

それにしても田口とイチローの強肩競演は見応えがあった。あれこそはグリーンスタジアム名物だった。

「しかし、僕は三塁で止めたい、イチローはホームで刺したいと考え方に違いがありました。僕はレフト前ヒットで二塁ランナーが三塁を回ろうとすると〝ナメとんのか⁉〟と思うタイプなんです。だが、イチローはわざとスタートを遅らせて（本塁に）行かせる。二塁ランナーが三塁を回るとニコッと笑うんです。ホームで刺す自信があるんでしょうね。そしてレーザービームで測ったようにアウトにする。わざと行かせて、ホームで殺す。すべて計算ずくなんですよ。あれは天才イチローにしかできない芸当ですよ」

守備の名手として日本でゴールデングラブ賞を5度獲得、メジャーリーグでも好守で鳴らした田口は、日本の球場のある欠点について、こう指摘する。

「今は日本の球場も広くなってきてサイズ自体はアメリカとそう変わらないんですが、外野フェンスが高過ぎる。福岡ドームは6メートル近くありますからね。あれが2メートルくらいなら、ホームランをもぎ取るようなファインプレーが見られると思うんです。

メジャーリーグの球場は大体、僕がジャンプしたら、手首から先が出るくらいの高さ。ホームランかファインプレーかというのが外野手の最大の見せ場。この部分はアメリカの球場を参考にしてもらいたいですね」

ホームランが野球の華なら、フェンス際のスリルあふれる攻防は野球の妙と言っていいだろう。田口の提案に全面的に賛成である。

【野手編】

元阪急ブレーブス

大熊忠義

Tadayoshi Okuma

2番打者として
日本一の
トップバッターを
支えることができたのは、
僕の誇りです。

大熊忠義(おおくまただよし)
1943年、大阪府出身。
64年、阪急ブレーブス入団。
72年から福本豊と1·2番コンビを組み、
自らの打撃を犠牲にしながらも
彼の走塁を助けた。
81年の引退後は、阪急やオリックス、
阪神などで指導者を務め、
野球解説者としても活躍。

●

ダイヤモンドグラブ賞:1回(77年)
オールスターゲーム出場:1回(76年)

盗塁王が認めた存在

日本プロ野球史上最高のリードオフマンは元阪急の福本豊だろう。それは記録からも、はっきりと裏付けられる。

通算2401試合に出場し、2543安打、1065盗塁。ホームランも208本放っている。1065の盗塁数に加え、115本の三塁打も日本レコード。俊足・巧打・好守の外野手として阪急の8度のリーグ優勝と3度の日本一に貢献した。

この福本を2番打者として長きにわたって支えたのが大熊忠義である。4つ年上の〝縁の下の力持ち〟ぶりについては福本本人が、こう認めている。

「僕は大熊さんに随分、助けられた。いい2番バッターがいないと、いいトップバッターは育たんということですよ」

そんな2人でも、コンビ解消の危機に見舞われたことがある。

「クマさん、今のセーフですよ」

「いや、そんなことはない。オレはアウトと見た」

あるシーズン、南海とのゲームで、2人は齟齬《そご》をきたした。一塁走者の福本が二塁に向かってスタートを切るたびに大熊がファウルを繰り返す。「打たんかったら、セーフやのに……」と不満を募らせる福本に大熊はこう反論した。

「オレは右目でオマエのスタートを、そして左目でピッチャーを見とる。もう、そればっかりやってるんやから、オレの判断に間違いはない」

しかし、スタートに絶対の自信を持つ福本は、「いや、あれはセーフや」と譲らない。

ついに大熊もキレた。

「わかった。それやったら、もうオレ、2番やめる。5番か6番で使ってもらうワ」

当時の阪急の監督は上田利治だった。大熊が上田に相談すると、指揮官は「ちょっと、灸をすえるか」と言って、あっさりと大熊の求めに応じた。

次の試合、大熊に代わって2番に入ったのが外国人のバーニー・ウィリアムス。彼は福本がスタートを切ろうが切るまいがお構いなしで初球から打って出た。

せっかくいいタイミングで走ってもファウル、次に走ってもまたファウル……。福本によれば「もう最初からカンカラ打つだけ」。盗塁は激減し、チームも不振に陥った。

福本が音を上げるのに時間はかからなかった。

「スイマセンでした。クマさん、もう1回（2番を）お願いしますワ」

福本にすれば、初めて大熊の存在の大きさに気が付いた瞬間だった。

原動力となった〝辛抱料〟

福本と大熊が正式に1・2番コンビを組むようになったのは、1972年からだ。福本が前人未到のシーズン106盗塁を記録したのに対し、大熊は制約の多い打順を任されたことで、打率は前年の3割7厘から2割3分1厘にまで落ちた。

普通なら、この仕事は割に合わない、やってられないとなるところだが、球団の配慮が大熊のプライドをくすぐった。

本人の回想。

「〝辛抱料や〟ということで、7分6厘も打率を下げながら、逆に給料はポンと400万ほど上げてもろたんです。当時、僕の給料は2000万ちょっとだったから、2400万〜2500万くらいにはなったんかな。おそらく（当時はヘッドコーチだった）上田さんが球団に掛け合ってくれたんやと思います。これだけ上げてもろたら、〝よし、もっと頑張ろうか〟という気にもなりますワ。野球選手は単純やからね（笑）」

プロの評価は年俸である。いくらいい仕事をしても、給料に反映されなければ選手はモチベーションを失う。当時の阪急は67年からリーグを3連覇、71、72年と2連覇、75年から78年にかけては3度の日本一を含む4連覇を達成するほど強いチームだった。その背景には、地味な仕事でもきちんと評価され、年俸に反映されるという合理的な査定システムがあったのである。

ファウル打ちの技術

もちろん大熊とて最初から2番という打順に魅力を感じていたわけではない。球場に観戦にやってきた友人からは、こんな〝苦情〟を受けたこともある。

「オマエなぁ、やってることはバントや右打ちばかりやないか。おもしろないから、もう(観にいくのを)やめるワ……」

先述したように71年には3割7厘という好打率を残している。ホームラン数は68年から5年連続で2ケタ台を記録している。福本が入団するまでは主にトップバッターとしてチームを牽引してきた。

好球必打を心がけていた男が、福本の盗塁をアシストするためバットの芯をわざとはずしたり、タイミングを遅らせたり早めたりしてファウルを狙うわけだから、これはもう野球観のコペルニクス的転回と言ってもいいだろう。

いったい大熊は、どのようにしてファウル打ちの技術を身に付けたのか。

「まずはボールを呼び込まんといけない。そしてボールがきたら手首だけでコーンとスタンドに返す。ボールの中にバットのグリップを入れるようなイメージで打つんです。

僕はこの練習をキャンプ中に集中してやりました。上田さんからも〝クマ、とりあえずファウルの練習やな〟と言われてましたから。昔は今みたいに、たくさんケージがあるわけじゃない。1台のマシンを5、6人が使うんです。1時間ほどで。

僕がファウルを打つ練習ばかりやっとるもんやから、若い選手たちには不満がたまる。〝大熊さん、ファウルばっかり打っても、何にもおもしろいことないでしょう。そんな練習するんやったら、僕らに打たせてくださいよ〟って。

そら、僕も仕事やから言い返しましたよ。〝確かにおもろないけど、とりあえず、この練習はやっとかんといかんのや。ちょっと待ってくれ〟と。

とうとう最後には〝大熊さんと同じグループになるのは嫌や〟と言い出す若いヤツまで現れた。でも、それでも僕はやめんかった。一度やり出すと、しつこい性格なもんですから(笑)」

走者を進めるバッティング

カットするボールは、もっぱらストレートである。なぜならスピードの落ちる変化球は、一塁上に福本がいるケースでは、まず投げてこなかったからだ。

ストレートといっても、キャッチャーが福本を殺すにはウエスト気味のボールしかない。福本のスタートが遅れた場合は、飛びついてでも、それをファウルにしなければならない。日頃から悪球をカットする練習を繰り返すことで、大熊はその技術を磨き上げたのだ。

「かといってキャッチャーも、最初からウエストボールばかり要求するわけではない。僕に打つ気がないとわかると、もう福本には、走られてもしょうがないと割り切って、どんどんストライクを取りにくるわけですよ。だから、あっという間に2ナッシングに追い込まれることもありましたね」

初回、出塁した福本が二盗に成功すれば、無死二塁となる。カウントは2ストライクナッシング。ここでの大熊の仕事は、福本を三塁に進めることだ。そのためには一、二塁方向にゴロを転がさなければならない。ここでも大熊の技術は冴えた。

「ファーストゴロでもセカンドゴロでもええんです。右に打とうとすれば、ポイントを後ろに持ってこなければならない。ボール2つ分くらいが理想でしょう。

余談ですが右打ちは年をとればとるほどうまくなるんです。ヘッドスピードが鈍るから、ちょうどエエ具合にバットが遅れて出てくるんですワ。僕も引退する前が一番うまかったかもわからん（笑）」

大熊の熟達の技術をもってしても、簡単には打たせてくれないピッチャーがいた。西鉄のエースとして活躍した池永正明である。シュートとスライダー、すなわちベースの幅を目一杯使うピッチングは絶妙だった。

「池永が投げる時はだいたい2点勝負。それ以上、点をとることは、まず無理やった。厄介なのがシュート。まともに打ちにいったら、だいたいがサードゴロ。これを反対方向に持っていくんは至難の業です。結局は、ファウルで逃げて根負けさせるしかない。そのくらいしか、攻略法は考えつかんかったですね」

次打者からの㊙サイン

大熊の仕事は福本の二盗をアシストしたり、二盗に成功した福本を三進させることだけではなかった。福本が走りにくいピッチャーだとベンチが判断した場合はヒットエンドランのサインが出た。

「本当はヒットでつなぐのがカッコいいんでしょうけど、プロのピッチャー相手に、そう簡単にヒットを打つことはできない。となると、とりあえず地面にボールを落とさんといかんのです。要するにゴロを打つということですワ。

その際、大切なのが二塁のベースカバーにショートとセカンドのどっちが入っているか。それを確認することです。いくら福本の足が速いというても内野の正面に飛べばゲッツーをくう恐れがある。ヒットエンドランは1球で仕留めんといかんから失敗が許されない。

そこで、キーマンとなったのがネクストバッターズ・サークルにいた3番の加藤秀司です。彼がバットの音で、僕にどっちがベースカバーに入るかを伝えてくれるんです。

ほら、だいたいネクストバッターズ・サークルに入る時はバットを2本持ってるでしょう。それを、コンコンやるわけです。コンコンコンならセカンドが入る、コンならショートと、あらかじめ決めとくんです。

たとえばコンならショートが（二塁ベースカバーに）入るわけですから、僕は三遊間に引っ張ればいい。少々、引っかけるような打ち方でもいいんです。間違いなくショートは逆を突かれます。

反対にコンコンならセカンドが入るわけですから、おっつけるように一、二塁間方向にもっていけばいい。瞬時の判断ではあるけど、加藤のアシストは大いに役立ちました。たとえば、南海にはセカンド櫻井輝秀、ショート小池兼司という動きのいい二遊間がいた。加藤のコンの合図で引っ張ったところ、ショート正面のゴロなのに、小池さんがそこにおらず、全部ヒットになったということがありました。おそらく、こんな細かい野球をやっていたのは、当時は阪急だけやったんじゃないでしょうか……」

スタンドからの歓声で、コンコンやコンという音がかき消されることはなかったのか。

「いや、それは大丈夫でした。西宮球場はあんまりお客さんが入らんかったからね。甲子園球場やったら難しかったかもしれへんけど……（笑）」

ノムさんの大胆な戦術

この頃の阪急は初回、ノーヒットでも先取点を奪うことができた。福本が四球で出塁し、二盗に成功する。大熊の進塁打で三進し、加藤の犠牲フライで本塁に生還するのだ。

阪急のこうしたソツのない攻撃に最も悩まされたのが南海のプレーイング・マネジャー野村克也である。

「キャッチャーにしたら恥も恥、大恥ですよ。まぁ、随分、新聞では叩かれましたよ。〝弱肩野村〟とか〝フリーパス野村〟とかね」

そして、続けた。

「福本の足はホームランよりもタチが悪かった。ホームランなら諦めもつくが、走られると尾を引く。しかもダイヤモンドの中にいる時間が長いものだから、ピッチャーはずっと考えていなければいけない。

〝また走られるんじゃないか……〟と疑心暗鬼になると、ピッチングに気持ちが集中できないんですよ。考え込むピッチャーに対しては無死で福本が出たら、〝ゾロホームランを打たれたと思って、1点は諦めろ〟と言ったこともありますよ」

そこで野村は、ある〝秘策〟を思いついた。福本に万全のスタートを切らせないため、南海の本拠地・大阪球場の一塁付近の土を掘り返して軟らかくしたというのだ。マンガのような話だが、これは本当なのか？

「いや、ホンマですよ。福本が〝クマさん、これ見てください。表面は硬く見えるけど、中はフワフワでっせ〟と言うので実際に足で踏んでみたら、ホンマにフワフワでした。スタートを切ろうにも滑ってしまう。それでも福本は走ってましたが（笑）」

福本との連携を分断しようと、野村は打席の大熊にもちょっかいを出してきた。

「僕の集中力を切らそうと、後方からブツブツつぶやくんです。〝おい、クマ、今日のミーティングで監督から何言われた？　オレと話したらアカン言うてなかったか？〟〝いやぁ、そんなこと言うてません〟と返した瞬間、スーッと、ど真ん中にストレートがきた。こっちは〝痛ぁ！〟てなもんですよ。

プライベートの話も、よう知ってました。〝オマエ、試合終わったら飲みに行くんか？〟とか〝昨日のねえちゃん、どうやった？〟とかね。〝いや、行ってませんよ〟と振り返った瞬間にもうボールがきとる。あれ、ささやき戦術というんですか？　結構、あれには苦労させられましたね」

やられた方はたまったものではないが、苦笑を禁じ得ないエピソードではある。

プロ行きを決断した騒動

大熊は高校野球の名門・浪商（現大阪体育大学浪商）の出身である。3年の夏には剛腕・尾崎行雄を擁し、全国優勝を果たしている。2年後輩には元巨人の高田繁がいた。浪商時代の大熊のポジションはサードだった。

「サードといっても、やることはないんです。ボール回しだけ。だって尾崎のボールを引っ張れるバッターなんて、いませんでしたから。高校時代、尾崎のボールを三塁に引っ張ったバッターは、僕の記憶では是久幸彦（法政二―東映）だけ。ベースの横を抜いたのは、彼だけですワ。

全国制覇した時のメンバーからは尾崎、僕、高田を含め5人がプロに入った。まぁレベルの高いチームでしたワ」

卒業後は近大へ。東京六大学でやってみたい気持ちが強かったが、監督からは「クマは関西で頑張ってみたらどうや？」と言われ、地元の強豪に進んだ。

大熊の野球人生が思わぬ方向に転がり始めたのは大学2年の時だ。先輩が阪神のテストを受けるというので同行した。グラウンドにはヘッドコーチの青田昇がいた。

「おい、オマエ、何しとんじゃや。学生服なんか着て！」

「はい。先輩のテストについてきました」

「名前は？」

「近大の大熊です」

「なんや、聞いたことあるな……」

次の瞬間、何を思ったのか青田は大熊に、こう命じた。

「おい、マイク・ソロムコのユニホームがあるから1回、それを着て打ってみろ！　何かあったらワシが全責任を持つ」

アマチュアの現役選手が、プロのユニホームを着てバッティングするなんて、もちろん許されない。案じた近大OBの阪神のマネジャーは「それ着たらアカン」と大熊の耳元でささやいた。

しかし、名前の売れたプロのコーチが「全責任を持つ」と言っている以上、無下に断ることはできない。なりゆきでユニホームを着たところ、パシャパシャと写真を撮られてしまったのだ。

「明くる日ですワ。もう、でっかく新聞に載っていました。青田さんの〝阪神に来い。500万くらいなら、今でももろたるぞ〟とのコメントもついている。

もちろん、大学側は怒りますよ。先輩には殴られ、結局、1年間の出場停止処分を受けるか、辞めるかという話になってしまった。青田さんは〝責任持つ〟と言ったくせに、何も力になってくれない。

それやったら、プロに行こうかと。高校の頃、阪急から〝ウチに来ないか？〟と誘われたことがあったので、お世話になることにしました。入った阪急で後に青田さんと一緒にやることになるわけですから、人生はわからないものですワ」

エラーで味わった屈辱

阪急の監督は〝闘将〟の異名をとった西本幸雄だった。入団した年のことだ。その頃、大熊はまだサードを守っていた。

忘れもしない平和台球場での西鉄戦。ピッチャーの若生忠男が打った三塁線の打球に飛びついた。

ところが、その後がいけない。一塁への送球は大暴投となり、スタンドにまで飛び込んでしまったのだ。

結局、このエラーで若生は二塁まで進み、その後にタイムリーヒットが飛び出して阪急は敗れた。敗因は明らかに大熊の大暴投だった。

「今から大阪まで帰れ！」

福岡市内の宿舎に戻るなり、大熊はマネジャーから、そう告げられた。マネジャーの冷たい口調は、西本の怒りを、そのまま代弁していた。

振り返って大熊は語る。

「その試合後、衆樹資宏《もろきすけひろ》さんという先輩と博多で飲みに行くことになっていたんです。連れて行ってくれるというので楽しみにしていました。ところが僕の部屋をノックしたのは衆樹さんではなく、マネジャーやった。

11時40分くらいの夜行があるので、それに飛び乗れと。そしたら明日の10時から始まるファームの練習に間に合うやろうと言うんです。

この夜行列車というのが無茶苦茶、腹が立つんですワ。というのも、当時はムーンライトという夜中に飛んでいる飛行機があり、1軍はそれに乗れたんです。それくらい待遇に差があった。

このエラーは、ホンマ後悔しました。〝あんなヘマするくらいなら試合に出ん方がよかったんじゃないか〟とさえ思った（笑）。おかげでサード失格ですワ」

福本からのサプライズ

センターのレギュラーポジションを確保したのは入団5年目の68年だ。120試合に出場し、打率2割8分5厘、15本塁打、37打点、11盗塁という好成績を残した。

この年のオフに社会人野球の松下電器からドラフト7位で入団したのが福本である。

「とにかく、今まで見た野球選手の中では一番、足が速かった。僕が守っていたセンターのポジションもあっという間にとっていきましたワ。

まだ、彼が1軍に上がったばかりのことです。博多での試合後、飲みに連れていってやった。〝コイツが来たら、もう来年から他を守るしかないワ〟と言ったことを覚えています。本当にその通りになってしまいましたけどね」

福本の入団によって、その後の野球人生を大きく変えられた大熊だが、今になってしみじみ思うことがある。

「僕がプロに入った頃の最高のトップバッターは巨人の柴田勲。彼は高校時代は法政二高のエースで、僕がおった浪商のライバルやったんです。プロに入ってから外野手に転向し、赤い手袋をつけて颯爽とプレーしていた。外から見ていても〝カッコええなぁ〟と思いましたよ。しかし、その柴田をもってしても盗塁は1シーズンで50から70くらいでしょう。

福本は柴田をはるかに上回る盗塁を記録し、さらにはノーヒットで1点をとるという新しい野球を確立した。2番バッターとして日本一のトップバッターを支えることができたのは、僕のちょっとした誇りですね」

大熊には忘れられない思い出がある。72年のオフのことだ。福本はパ・リーグのMVPに輝いたプレゼントとしてヨーロッパ旅行に招待された。

日本を発つ前のことだ。冗談めかして大熊は言った。

「おい、先輩に土産はないんか。ライターぐらい安いもんやろ」

大熊はオイルライター収集を趣味にしており、もちろん福本もそのことを知っていた。

「福本がくれたのはダンヒルのオイルライターやった。〝これナンボした？ 高かったやろう？〟と聞くと〝いやぁ、たいしたことないですよ〟と言っていましたが、あれはどう見ても日本円で30万円以上はするシロモノでしたね」

大熊の日々の献身的なアシストを考えれば、福本にとっては安い買い物だったのかもしれない。

元西武ライオンズ

辻 発彦

Hatsuhiko Tsuji

ボールは足で捕り、
足を使って投げる。
フットワークで
投げないと
ランナーは殺せない。

辻 発彦(つじはつひこ)
1958年、佐賀県出身。
日本通運野球部を経て84年、
ドラフト2位で西武ライオンズに入団。
1年目から頭角を現し、
3年目に二塁手として全試合出場。
初のゴールデングラブ賞とベストナインに輝く。
88年からは7年連続でゴールデングラブ賞を獲得し、
90年まで3年連続で全試合出場。
96年にヤクルトスワローズへ移籍し、99年引退。
その後は、ヤクルト、横浜ベイスターズ、
中日ドラゴンズなどで指導者を歴任。
2014年から再び中日のコーチに。

●

首位打者：1回（93年）
ゴールデングラブ賞：8回（86年、88～94年）
ベストナイン：5回（86年、89年、91～93年）
日本シリーズ優秀選手賞：2回（90年、94年）

〝アライバ〟のコンバート

3連覇こそ逃したものの、ワールド・ベースボール・クラシック(WBC)3大会連続ベスト4進出を果たした侍ジャパン。第3回大会で最も男を上げたのが井端弘和だった。列島を興奮の渦に巻き込んだのは2次ラウンド初戦の台湾戦だ。9回、2対3と台湾1点のリード。2死二塁の場面で期待を一身に背負ったのは37歳の井端だった。

マウンド上には台湾の守護神・陳鴻文《チエンホンウエン》。カウント2－2からのストレートを井端は見逃さなかった。打球はショートの頭上を破り、センター前へ。起死回生の同点打だった。

ヒーローは、もうひとりいた。2死から四球で出塁し、すぐさま二盗を決めた鳥谷敬《たかし》だ。これぞ乾坤一擲《けんこんいってき》のスチールだった。

第1回WBCで内野守備・走塁コーチを務めた辻発彦は、このシーンを自宅のテレビで観ていた。

「鳥谷のスチールを演出したのは井端。インコースのボールにわざとバットを遅らせて出して、キャッチャーの方に向けていた。二塁への送球を少しでも遅らせるためにね。ああいうプレーも含めて、井端が日本の野球を救ったようなものですよ」

辻は中日の1軍総合コーチ時代、2年間にわたって井端をサポートした。最も苦労したのが荒木雅博とのコンバートだった。

監督の落合博満がショート井端とセカンド荒木とのコンバートを敢行しようとしたのは2009年のシーズンが始まる前のことだ。実は落合は、04年の監督就任当初から、両者のコンバートをほのめかしていた。だが、故障などもあり、このプランは延び延びになっていた。09年も2人がともに故障したこともあり、コンバートを実行するのは1年先延ばしになった。

この〝落合プラン〟に対しては懐疑的な見方が多かった。荒木と井端の〝アライバ〟は04年から6年連続ゴールデングラブ賞に輝く、球界きってのキーストーンコンビであり、2人を入れ替えることはあまりにもリスキーだと見られていた。

ショート・荒木への不安

10年、辻は2軍監督から1軍総合コーチに就任した。最初の仕事が〝落合プラン〟の具現化だった。

内心、気乗りはしなかった。井端のセカンドはいいとして、荒木のショートには不安が先に立った。

「ショートとしての守備範囲が狭くなっていたのは事実です。守備範囲だけなら、間違いなく荒木の方が広い。しかし荒木はスローイングに難があり、送球が不正確だった。それに荒木は動物的な反射神経があるから、捕れそうにないボールにまで飛び込んでいっちゃう。それで肩を痛めたこともあって〝オマエ、やめろ！〟と言ってもやめない。〝頼むから飛び込まないでくれ〟と言ったこともあります。

案の定、試合ではよく悪送球やエラーをしました。ベンチに帰ってくるなり、彼はプーッとふてくされて〝やってられないよ〟という表情をつくるわけです。それでも監督は〝代えない〟というんだから、こちらは、もうどうしようもない……」

荒木にとってショートは針のムシロだったようだ。

監督と選手の板挟みにあった辻も大変だった。

「僕が荒木に言ったのは、この2つです。ひとつ目は〝気持ちが後ろ向きだとミスをしやすくなる。とにかく前向きに取り組んでくれ〟。2つ目は〝今、ショートで強くて正確なボールを投げていくことをやっていれば、いずれセカンドに戻った時にプラスになる。だから我慢してくれ〟。ヨイショをしたり、時にはなだめたりしながら、ショートをやってもらいました」

セカンドは足の運びが難しい

西武時代、セカンドとして歴代最多の8度のゴールデングラブ賞を受賞したことのある辻は、ショートを守った経験もある。

ショートとセカンド、いったいどちらが難しいのか？

「一概には言えませんが、時間がないのはショートの方ですよね。たとえばゴロがくる。セカンドならジャッグルしても多少の余裕がありますが、ショートにはありません。

ただ併殺の際の足の使い方はセカンドの方が難しい。ショートはゴロを捕って二塁に放るか、二塁ベースに入り、そのまま一塁に投げる。いわゆる同じ流れのプレーですが、セカンドは動きが逆になる。ショートからセカンドにコンバートされた時、一番戸惑うのがこの点です。

特に難しいのが右足の運び。強いボールを投げようと思ったら、右足にバチッと体重が乗っていなければならない。でも一、二塁間の当たりで左に移動してから二塁に投げてゲッツーをとろうとすると、どうしても左足を軸に体を回転させようとする。

そうなると体が振られて、右肩が開き、強いボールが投げられないんです。送球に安定感も出てこない。だから左足よりも右足が後ろにきたらダメですね。左足のところに右足が入ってくるような足の運び。これが基本です。

また左足で回ろうとすると、ボールを捕る際に体も半身になるから、イレギュラーな打球に対応できない。まずはボールの正面に入ってしっかり捕ることを考えるべきです。

指導者の中には、ゲッツーの際は右足を引き、セカンド方向を向きながら捕るのがいいという人がいる。僕から言わせてもらうと、それは応用編。まずは基本ができてからの話だと思います」

ならば、と考える。メジャーリーグで松井稼頭央、岩村明憲、西岡剛と次々に日本人セカンドが併殺の際に危険なスライディングを受け、故障を負った理由は、どこにあるのか。

「一番安全なのは二塁ベースの手前でボールをさばくこと。ベースよりも前に出ようとするからガンとやられる。出るにしても、ぎりぎりまで我慢する。これを常に意識することでしょうね。

そのためにはベースを踏んだ時のピボットであったり、フットワークが重要になってくる。メジャーリーグでは大きな体をした選手がトップスピードで突っ込んでくるわけですから、この技術を磨いていないと、どうしてもグシャッとやられてしまう。今後の日本人内野手の課題と言えるかもしれませんね」

ゴロ捕球は左足寄りで

もう少し、名手の守備論に耳を傾けよう。ゲッツーはキーストーンコンビの華だが、間一髪を争う中で0コンマ1秒でも時間を削ぎ落とす術はあるのか。

「グラブの中でボールを握る暇はないですね。押さえるという感覚。もちろん、右手の2本の指（人差し指と中指）で持ちに行く時間なんてありません。パンと、そのまま掴む感じ。言葉は悪いですが、いわばクソ握りです。投げる動作に入りながら握りかえる。

人間の体の構造として、腕が伸び切って掌が真上を向く状態で捕るのは不自然じゃないかと僕は思うんです。人間の掌は内側を向いている。気をつけをした時がそうでしょう。つまり、グラブを自然に出したら、掌は内側に向くんです。基本的にはグラブをパッと前に出した感じで（ボールを）捕ればいいんです。

そう考えると、右利きの場合、左手でグラブを持っているわけだから、左足の前で捕るのが自然です。だから僕は子供たちを教える時には、こう言うんです。〝真ん中より、左足寄りでボールを捕りなさい〟と」

〝土〟で守備は上達する

ゴロの捕り方について、さらに深く訊ねた。

「まずは足をボールのところへ運ぶことがグラブさばきよりも大切です。要するに早く準備をすること。いろんなバウンドのゴロがありますが、グラブは単純に言えばボールよりも下に置く。早めに捕球体勢をつくり、ボールが来たところでグラブを出し、パンとタイミングよくステップして捕る。

守備のうまい人のプレーを見ていてください。バウンドの途中では絶対に捕りませんよ。ボールが落ちる前か、バウンドした直後で捕る。これなら、イレギュラーしても反応することができる。あらかじめ打球に対して準備をして距離をつくっているから、それができるんですね。

だからコーチ時代、僕はよく選手に言いました。〝1秒でも1ミリでもいいから、足を使ってボールに早く入れ〟って。打球に対して、受け身になっては絶対にダメですね」

最近は人工芝の球場が増えている。プロ野球12球団のうち、内野が土のホームスタジアムは甲子園とマツダスタジアムだけだ。守備に影響はないのか。

「これは僕の持論ですが、土のグラウンドで練習をしないと守備は上達しませんね。僕が現役の頃も人工芝の球場は多く、本拠地の西武球場もそうでした。

人工芝は待っていてもボールが来るから楽と言えば楽なんです。でも、それではうまくならない。だから次の遠征先が土の地方球場の時などは、（西武）第三球場に行って、土のグラウンドでノックを受けるようにしていました。

もちろん、人工芝には人工芝の難しさがあります。足でグッと踏ん張らないと滑ってしまいますからね。ただ、本当におもしろいプレーは人工芝ではできない。土のグラウンドなら、ザザーッと滑りながらでも踏ん張って捕れますからね。守備に自信のある選手にとっては見せ場が多い。もちろん、僕も土のグラウンドの方が好きでした」

社会人で落合と出会う

佐賀東高から日本通運浦和に進んだ辻は、社会人野球では主にサードを守っていた。プロのスカウトの注目を集めたきっかけは、毎年3月に開催されるスポニチ大会だ。

「入社して3年目です。ベスト8をかけた試合だったかな。相手は日立。場所は横浜スタジアム。1点負けていて、1死一、三塁の場面で打席に入ったんです。ピッチャーは細淵守男さんというアンダースローでした。

カウントは忘れましたがベンチからスクイズのサインが出て、空振りしてしまった。サードランナーが殺されてアウト。ベンチでは監督が、ものすごく怖い顔をしていましたよ。僕、バントがあまり得意じゃないんです。

それで2死二塁になって5、6球粘ったあと、逆転2ラン。これによって一気に、僕の株が上がったんです。新聞には〈辻、逆転2ラン　日通8強〉という見出しが躍りましたよ」

冒頭で中日のコーチ時代の話に触れたが、監督だった落合とは、社会人時代から敵味方でプレーしている。当時の印象は、今でも強烈だ。

「落合さんは東芝府中の主砲。僕の社会人1年目に補強選手として日通にやってきて都市対抗野球に出場しました。落合さんがプロ入りする前の秋に対戦した時は、いきなりホームランを2本くらい打たれましたよ。落合さんとは随分、早い時期から一緒に野球をやっているんです。中日のコーチになる時も〝オマエ、来年大丈夫か?〟の一言でした。〝はい?〟って話ですけど（笑）」

途中、腰を痛めたこともあり、社会人生活は7年に及んだ。1984年、ドラフト2位指名を受け、西武に入団した。1位が西武の監督を6年間務めた渡辺久信である。

当時の西武はサムライ揃いだった。チームは日本シリーズ連覇（82、83年）を果たし、巨人に代わって盟主の座をうかがう勢いにあった。

「山崎の後継者になってくれ」

それがスカウトの殺し文句だった。

西武には山崎裕之という大ベテランがいた。名球界プレーヤーでポジションはセカンド。

「僕が入団したのは江夏豊さんが日本ハムから移籍してきた年。山崎さんに東尾修さん、田淵幸一さん、黒田正宏さん、片平晋作さん、大田卓司さん……。もう顔を見ただけで、怖かったですよ（笑）。

1年目のキャンプは米国のアリゾナ。朝、ホテルの広間で体操をするんです。監督（広岡達朗）もいるのに、一番最後に江夏さんがガタンと扉を開けて入ってくる。そんなチームでした。

練習が終わってヘトヘトになってホテルに戻ってくると、ベテランたちはプールサイドで本を読みながら、もうビールを飲んでいました（笑）」

ボールは足を使って捕る

入団時の監督は広岡達朗。広岡といえば、「管理野球」が代名詞だった。肉を食べるな、玄米や野菜を食べろと食生活まで厳しく指導した。野球においては、さらに厳しかった。ある日、広岡は泥だらけの辻を呼び、ひとつの言葉をおくった。

「稽古とは、一から習い、十を知る。十より還る元のその一。わかったか?」

「はい」

さながら禅問答である。どんな意味が込められていたのか。

「広岡さんの教えは、とにかく基本を大事にしろということ。入団1年目のキャンプ、僕は最初、ノックさえ打ってもらえなかった。〝まだ早い〟というんです。ファウルグラウンドの空いているところに連れていかれ、いきなりポンと目の前にボールを置かれた。〝これを捕れ〟とね。

そう言われても、まさか上から掴むわけにはいかない。それで腰を低くして、さっと素手で拾い上げました。最初は、なぜこんな練習をするのか、意味がわからなかった。しかし、今はわかります。要するに足を使って捕れということなんです。手だけで捕りに行くなと……。

それから股割りをして、その格好のまま広岡さんが転がしたボールを捕る。次に緩いノックがスタートし、段々強くなっていった。これは本当に疲れました。でも、あの練習のおかげで僕は上達することができた。

ボールは足で捕り、足を使って投げる。僕は肩がそれほど強い方じゃないから、早くボールに入り、正しい捕球をして、フットワークで投げないとランナーを殺せないんです。広岡さんにみっちりと基本をしっかり叩き込まれたことで、16年も現役をやれたんだと思っています」

辻はバッターとしても成功を収めた。93年には打率3割1分9厘で首位打者に輝いた。通算打率2割8分2厘は好打者の証である。

「年をとってから多少、軽くしましたが、僕は重いバットを使っていました。それをひと握り短く持って、バットのヘッドの部分をボールにぶつける。当時のパ・リーグには野茂英雄や伊良部秀輝のような剛球派が多かったので、ゴロで足元を狙うバッティングを心がけていました。

ベースには、なるべく近く立つようにしていました。ラインぎりぎりで左足がちょうどべースのピッチャー寄りの先端にくるくらいかな。外いっぱいのボールが真ん中に感じられるくらいの距離を保っていました。

広岡さんの教えは、それを全部引っ張れと。引っ張りから始めて、だんだん広角に打てるようになるんだと。率を残すには右方向にも打たなければなりません。これは鉄則ですね。

余談ですが、現役を引退し、マスターズリーグの試合に出るようになってバットを長く持つようにしたんです。もう短く持つ必要もないだろうと。すると全部、打球が詰まるんですよ。それで現役時代同様、バットを短く持つようにしたら、カーンとヒットが出るようになった。長年にわたって染みついた感覚というのは恐ろしいものですね」

勝敗を分けた好走塁

球史に残る名シーンとして語り継がれているのが87年の日本シリーズである。西武対巨人の日本シリーズ第6戦。西武が日本一を決めたこの試合の8回裏に、劇的なプレーが飛び出した。

2対1と西武が1点リード。2死一塁で秋山幸二の打球はセンター前に飛んだ。普通なら一、三塁の場面だ。

ところが一塁ランナーの辻は二塁ベースを回り、あろうことか三塁ベースも蹴ったのだ。

「暴走だ。殺せ！」

三塁ベンチから巨人の土井正三コーチが叫び声を発した時には、もう遅かった。決定的な1点が西武に入ったのである。

いったい、あのプレーの背景には、何があったのか。

「もちろん本塁まで行けるなんて思っちゃいませんよ。ただ、センターの（ウォーレン・）クロマティが打球を捕った位置を見て〝サードまでは楽に行けるな〟との思いはありました。

全力で走りながら（三塁ベースコーチの）伊原春樹さんを見ると、ピンとくるものがあったんです。必死に手を回している姿を見て、〝これは、何かあったに違いない〟と。クロマティが弾いたのか、ショートの川相（昌弘）が変な送球をしたのかはわからないけど、とにかく何かあったんだろうと……。それで全力で三塁を回ったんです。

おそらくクロマティには〝まさかホームまでは行かないだろう〟という油断があったと思うんです。しかも彼は左利きだから、送球がシュート回転すれば、ボールが二塁方向にそれる。中継の川相が右に回れば、その分、ロスが出る。そのあたりが、あのプレーの真相じゃないでしょうか。

その点、当時の西武は中継プレーにうるさかった。外野からカットマンに返す練習は毎日やっていました。肩を痛めている外野手がいたら、近くまで寄っていくとかね。返球も右投げだったら右へ、左投げだったら左にシュート回転するのが相場。それを見越した上で一直線ではなく、右投げの外野手なら(外野から見て)〝逆くの字〟の位置に入っていく。そこまで考えながら練習していました。そこに西武の強さがあったんだと思います」

プレーの先を読む宮本

いぶし銀の二塁手は西武で9回、ヤクルトで1回、リーグ優勝を経験した。日本一は、それぞれ6回と1回である。

名人の目から見て、昨今の球界で〝ゼニのとれる〟内野手は誰か。

「ヤクルトで二遊間を組んだ宮本(慎也)。彼はプレーの先を読むことができる。あれは僕が晩年で腰を痛めていた時のことです。二遊間のゴロを捕っても反転して投げられない。すると宮本がスッと現れ、僕からのグラブトスを受け、代わりに一塁に送球してくれた。あらゆるケースを想定し、頭の中で整理しながら、最善の動きを選択する。これが名手と呼ばれるプレーヤーなんです。

西武時代の奈良原浩も、うまかった。ゲッツーの際、投げたボールがちょっと逸れても平然とさばいてくれた。逆に彼がゴロを捕った時に僕のベースカバーが遅れると、うまく間をとってくれる。

ゲッツーの場合、もちろん最高は2つのアウトをとることですが、最悪でもひとつはアウトにしなければならない。ところが慌てたり、急いだりすると、ひとつも殺せないことがあるんです。

そういう時は要するに間がつくれていないんですよ。二塁に入る方にベースの上で待たれると、速い送球に差し込まれてしまう。さらに言えば送球が逸れた時に身動きがとれない。だけど、ベースの前で間をつくっておけば、送球に合わせて入っていくことができるんです。

二遊間コンビの基本は、何が起きてもいいように相手を疑ってかかること。常に〝もしかして〟という状況を想定するんです。相手からワンバウンドの送球がくることだってあるんです。いちいち慌てていたのでは対応できない。機転の利くやつじゃないと、特にセカンドやショートは務まらないかもしれませんね」

若手で気になる選手についても聞いてみた。辻のイチ押しは福岡ソフトバンクのショート・今宮健太だった。プロ入り5年目、09年のドラフト1位である。

「彼はおもしろいですね。脚力があるし、守備範囲も広い。まだ、ちょっとプレーに派手な部分があるけど、ものすごく可能性を秘めた選手だと思います。アメリカでプレーしている川崎宗則よりもいいんじゃないかな」

22歳は名人の期待に応えられるのか……。

元読売巨人軍

末次利光

Toshimitsu Suetsugu

ONを塁に置いて打った
ホームランの喜び。
他のチーム、他の時代では
味わえなかった。
今も心の宝物です。

末次利光(すえつぐとしみつ)
1942年、熊本県生まれ。
65年に読売巨人軍入団。
70年前後からレギュラーとなり、
5番打者としてONとクリーンナップを担い、
V9時代を支えた。
77年、練習中に打球を目に受けた影響で引退。
その後は、巨人で打撃コーチや
2軍監督などを務める。
スカウトとしても活躍し、
阿部慎之助や亀井義行らを獲得した。

●

日本シリーズMVP:1回(71年)
ベストナイン:1回(74年)
オールスターゲーム出場:5回(72~76年)

史上最強コンビが活躍した時代

言うまでもなくV9時代の主役はON、王貞治と長嶋茂雄である。

1965年から73年にかけて、無敵を誇った巨人で、王貞治と長嶋茂雄は常に打線の中軸であり続けた。

この9年間で王は首位打者に4回、ホームラン王に9回、打点王に6回輝いている。一方の長嶋も首位打者2回、打点王のタイトルも3回獲得しているが、成績では王に見劣りする。しかし、王がこれだけの結果を残すことができたのは、後ろに長嶋が控えていたからであり、ここ一番での長嶋の勝負強さは比肩し得る者がなかった。

当時、阪神のエースとしてON相手に数々の名勝負を繰り広げた江夏豊に「OとN、どちらが怖かったか?」と訊ねたことがある。

返ってきたセリフは、こうだった。

「最強のバッターはOでもNでもない。ON。ひとりなら何とかなるが、2人揃って打ち取るのは本当に難しかった」

〝記録の神様〟と呼ばれる故・宇佐美徹也の労作『ON記録の世界』(読売新聞社)によれ

ば、V9時代の9年間、王は3番に789試合、4番に356試合座っている。一方の長嶋は3番に262試合、4番に811試合だ。NOよりもONの方がベストという考え方は、どうやら、このV9時代に定着したようだ。

もっとも、その成果となると、ONの並び方の方が1試合平均打点で0・17だけNOを上回っている（1・54対1・37）ものの、本塁打率ではNOの方が0・8（13・8対13・0）、勝率でもNOの方が2分1厘（6割8厘対5割8分7厘）上回っており、どちらの並びが正解だったか、いまひとつ判然としない。

このデータを踏まえて、宇佐美はこう結論づけている。

〈結局、史上最強を誇るこのコンビは、どっちがどこを打っても変わらぬ戦力を発揮したということになる〉

長嶋の次を打つプレッシャー

大変だったのはON、あるいはNOの後を受ける5番打者である。落語で言えば真打ちの後で二ツ目が登場するようなものだ。熱狂の渦と化したスタンドの余韻を引きずりながら打席に向かう、そのプレッシャーたるや想像するに余りある。

V9時代の中盤から後半にかけて、最も5番を打つ機会が多かったのが、本章の主人公である末次利光である。タイトル争いに顔を出すほどの選手ではなかったが、随所で勝負強さを発揮した。いわば〝いぶし銀〟の5番打者だった。

「王さん、長嶋さん、どちらの後が嫌だったかというと、それは長嶋さんですね。長嶋さんの後というのは、打っても打たなくてもスタンドがザワついているんですよ。空振りをしてヘルメットを飛ばす有名な写真があるでしょう。あれだって、後で聞いたら、全部本人の演出だったっていうんですから。

そういう中で、まさかタイムをかけるわけにもいかないから、こっちはザワザワしている中で打席に向かわなければいけない。そこで打てればいいんだけど、打てなかった時はスタンドから〝アーッ〟というため息が聞こえてくる。これはきつかったですね。

ベンチの反応も気になりました。僕がストライクでも見逃そうものなら、監督の川上哲治さんが手にした火箸をバーンと叩くんです。当時、後楽園球場では春先に火を焚いていましたから。

というのも、当時は今のような鳴り物の応援がなかった。応援といっても、お客さんの手拍子か掛け声くらい。球場はお客さんの咳払いが聞こえるくらい静かだった。

一番、みじめだったのは、僕の前の王さんか長嶋さんがホームランを打ってランナーを一掃した後の打席。スタンドの興奮がおさまっていないんです。そこで僕がショートゴロかセカンドゴロを打ったとする。もう何も反応がないんです。お客さんから相手にもされていない。これはつらかったですね」

生き残りへ荒川道場入り

末次は中央大学から65年に巨人に入団した。その年からV9がスタートするわけだから、彼の野球人生はV9とともにあったとも言える。

当時、巨人の外野は激戦区だった。柴田勲、国松彰がレギュラー格で、若手の相羽欣厚《よしひろ》、堀田明らが虎視眈々《こしたんたん》とレギュラーの座を狙っていた。また、この年、巨人は東映とのトレードで62年には3割6厘の好打率を残した吉田勝豊を獲得した。ベテランの関根潤三も近鉄から移籍してきた。

当然のことながら、1年目からレギュラー陣に割って入ることはできない。わずか11試合に出場しただけで終わった。

2年目こそ76試合に出場したが、打率2割3分5厘、3本塁打、18打点と成績は低調だった。

3年目の67年、巨人は2人の強打者を補強した。野武士軍団・西鉄の切り込み隊長として鳴らした高倉照幸と、62年にはセ・リーグの首位打者に輝いている広島の森永勝也である。ビッグネームとの競争を余儀なくされる末次の心境は、いかばかりだったか。

「もう名前を聞いただけで〝これは大変だ〟と。ところが移籍してきた選手は夏まではいいんですが、夏場を過ぎるとガタッと調子が落ちてくる。これが巨人のプレッシャーなんでしょうね。責任を背負い切れなくなるんです。

その様子を見ていて〝これは勝負できるかな〟と。死ぬ気でやれば活路も開けてくるだろうと思って、荒川道場に入門したんです」

荒川道場——当時の打撃コーチ・荒川博の下には王や黒江透修《ゆきのぶ》らが集まり、腕を磨いていた。

荒川はダウンスイングの信奉者だった。生真面目な末次は読んで字の如く「バットを上から下に振り下ろすもの」だと解釈し、バッティングを崩してしまった。

「もう全く外野に飛ばなくなっちゃったんです。上から下に叩くものだとばかり思っていたから。そんな時、ケビン・マイヤーという外国人コーチが2軍に来て、学生時代のようにアッパー気味で打ったら〝ナイス!〟と褒めてくれた。それで1軍に上がっても、そのままやろうとしたら〝オマエ、そんな打ち方じゃ使わねぇよ〟と荒川さんに叱られる。いったい、どうすればいいのか……。1年半くらいは、そのことで悩みましたね」

悩んだ末に、末次はあることに気が付いた。王のバッティングを見ていて、目からウロコが落ちたのだ。

「王さん、素振りをしている時は確かに大根切りなんです。でも、打席に入ると、そうではない。ちゃんとレベルで振っているんですよね。ダウンスイングというのはバットを上から下に振り下ろすのではなく、ボールに対してバットの角度を上から入れるということ。そのあたりの加減を早くわかればよかったんですが……」

川上監督から学んだこと

監督の川上は同郷(熊本県人吉市)の英雄である。プロ入りするにあたり、巨人を選んだ理由もそこにあった。

「僕からすれば雲の上の人。入った時は〝おはようございます〟と〝失礼します〟の2つしか言葉を口にすることができませんでした。

ところが66年にルーキーとして入ってきた堀内恒夫は普通に川上さんに話しかけている。アイツは、ああいうことをしても平気なんですよ。それを見て随分、羨ましく思ったもんですよ。僕は3年間、まともに話ができなかったんだから（笑）」

〝打撃の神様〟からは何を学んだのか？

「川上さんには〝ボールが止まって見える〟という名言がありますよね。要はボールをとらえるタイミングを掴むということなんですよ。しかし、これは限界に挑戦することによってしか身につかない。多摩川（の練習場）での特打にしても、フラフラになるまでやらされる。もう1時間も2時間もぶっ続けでね。すると不思議なことに体は疲れていても、気持ちがスーッと一点に集中する瞬間があるんです。そういう中でこそ本物の技術は掴めるんだというのが川上さんの考えでした」

合気道に通じる荒川理論

荒川道場では今では伝説と化している日本刀を使っての特訓も行った。ぶら下げた短冊を一瞬のうちに斬り捨てるのである。私も写真で見たことがあるが、あれは本当に斬れるのか？

「斬れます。10本やったら、僕でも6本ぐらい斬れるようになりました。あれはコツがあってバットでいうヘッドの部分が下がっちゃダメ。紙がくしゃくしゃになってバサッと落っこっちゃう。ところが、上からタテに切っ先が入るとカミソリで切ったみたいにスパッと斬れるんです。

よく切っ先三寸というけど、あれは本当ですね。斬れる部分は先のところだけなんです。バットも同じで芯はバットの先の方にある。だから、この特訓はバッティングにも役立ちました。

もうひとつプラスになったのは集中力が増したこと。短冊って回っているでしょう。いいかたちになるまで待たなければいけない。そして〝ここだ!〟という角度になった時に一気にスポーンといくんです。それとは別に名刺を使っての〝特訓〟もやりましたよ。名刺を上から刀のように振り下ろし、割り箸を叩き切るんです。僕は10回に2回くらいしかできなかったけど、王さんなんか、もっとできたんじゃないかなぁ……」

余談だが、荒川のバッティング理論は合気道に源流を発する。以前、本人からこんな話を聞いたことがある。

「オレは学生時代から歌舞伎や浄瑠璃を見ていた。で、ある時、六代目尾上菊五郎が『間』

を習うために合気道に行っていたという話を聞いた。先生は、かの有名な植芝盛平。これはもう〝名人は名人を知る〟だと。そこで一度、植芝先生に訊ねたことがあるんです。〝どのようにして『間』を自分のものにすればいいんでしょう？〟と。

するとと先生は、こう答えたね。〝荒川君、『間』がどうのなんて言っているうちは、まだヘボだよ。『間』というものは自分と相手がいるからできるんだ。つまり相手を自分のものにしてしまえば『間』なんてものはなくなるよ。もう自由自在なんだ。これが私の言う合気道なんだ〟と。

こりゃケタはずれの発想だと思ったね。そう言えば、こんなやりとりもあったよ。〝速いボールが来て、次に遅いボールが来たら『間』が合わないんです〟。〝バカヤロー、速かろうが遅かろうがボールは来るんだろう？　来てから打ちなさいよ〟って。

このやりとりの後、オレはバットスイングをするのをやめた。代わりに気を出して立つ練習ばかりやった。気を出してじっと立っていたら、いずれボールは来る。相手の『間』で勝負しちゃいけないんです」

インコース打ちが奏功

話を末次に戻そう。初めて出場試合数が111と3ケタに乗ったのは4年目の68年である。翌69年には118、70年には124試合とレギュラーとしての地歩を固めていった。

しかし、本人にやっとレギュラーの座を確保したとの達成感は皆無だった。

「僕は3割も2回(71年＝3割1分1厘〈規定打席未満〉、74年＝3割1分6厘)打ったことがあるんですが、1年たりとも〝これでレギュラーだ〟と安心したことはないですね。ちょっとでもケガをすると代わりがいる。1年1年が勝負だと思ってやっていました。もうキャンプの場からして戦いでしたね。調整だなんて余裕は全くなかった。キャンプがスタートした時点から100％の状態に持っていく。バッティングはガンガン打つし、守備でのスローイングも全力でやっていました。早めにアピールしておかないと開幕しても使ってもらえませんからね。気の休まる日なんて1日もなかったですよ」

地味な男がON以上に輝いたのは7連覇をかけた71年の日本シリーズだ。阪急有利と言われたこのシリーズ、末次は打率3割6分8厘、1本塁打、7打点の大活躍でMVPに輝いた。

「当時はシーズンが残り10試合くらいとなったところで敵チームが偵察に来ていた。この年は、ちょうどそれくらいの頃からインコースが打てなくなっていたんです。ボテボテの打球ばかりでした。

これはシリーズに入ったら徹底してインコースを攻められるだろうと予測して、シリーズが始まるまでの10日間、インコースばかり練習していた。案の定、シリーズでインコースを攻められましたよ。

このシリーズ、僕はアンダースローの足立光宏さんから第1戦でタイムリー、第4戦で満塁ホームランを打ったんですが、両方ともインコースのボールでした。あまりにインコースを打つもんだから、キャッチャーの岡村浩二さんも3試合目か4試合目ぐらいには配球を変えてきましたよ」

それにしても、と思う。こんなに短期間で内角打ちが上達するものなのか。

「当時、巨人は山内一弘さんというインコース打ちの名人がコーチとしていました。山内さんの教えはいたって簡単。バットを体に巻きつけ、後は体を回転させるだけなんです。力なんて全く必要ない。

インコースを打つには、ボールを内側からとらえる必要がある。腕で打とうとしたら、最後はファウルゾーンに切れていきますね。ヒザと腰の回転で体をターンさせれば、自ずとバットは体に巻きついてきます。

よく山内さんは言っていました。〝オマエら110メートルも120メートルも飛ばそうとしなくていいんだよ。後楽園だったら90メートルも打ちゃ（スタンドに）入るんだ〟って。意識を変える上では、これもいいアドバイスでした」

客が帰る中での劇的アーチ

76年6月8日の阪神戦ではサウスポーの山本和行から劇的な逆転サヨナラ満塁ホームランを放っている。長嶋が監督に就任して2年目のシーズン、末次らの活躍もあって巨人は前年の最下位から優勝を果たす。

「実はあの時は2アウトから王さんが歩かされたんです。スタンドを見ると、お客さんが帰り始めている。だから余計に〝打ってやろう〟という気持ちが強かったんですね。

僕にとってラッキーだったのは、あの場面でピッチャーが江本孟紀から山本和行に代わったことです。正直言って僕は江本のクセ球が好きではなかった。だから彼がマウンドを降りた時には〝しめた〟と思いました。

逆に左ピッチャーは得意でした。確かファウルで粘ってカウントは2－2だったはずです。

最後は真ん中寄りのボール。後で写真で確認したら、思ったよりも内寄りでした。これをうまく打っているんですよね。

僕のホームランを見ずに席を立ったお客さんは、球場を出てから大歓声を聞いたはずです。この時はもう長嶋さんは監督になっていましたが、V9時代、王さん、長嶋さんの最後の打席を見て家路につくという人は少なくありませんでした。今、そんなバッターはいないでしょう？　ONはそれだけ偉大だったんですよ」

ONにも本気で怒鳴った

V9巨人には名脇役が揃っていた。野手では末次、柴田、国松、土井正三、黒江、森祇晶……。ONという幹がしっかりしていたからこそ、個性的な枝が何本も育ったのだろう。

V9メンバーの中でも、末次はとりわけ柴田と仲がよかった。試合後、連れ立って銀座に飲みに行くこともしばしばだった。

「気が合ったものだから東京でも地方でも、年中2人で飲んでいました。すると必ず土井がついてくる。実は土井って、全く酒が飲めないんです。その彼がなぜ、僕らについてくるかというと野球の話がしたいんですよ。

当時の巨人の選手は、どんなに飲んでもワーワー騒いでも、最後は必ず野球の話になっていた。土井はウーロン茶を飲みながら最後まで付き合うんです。そのくらい皆、野球が好きだった。

それとチームに団結力がありました。たとえばゲームが5回くらいまでできて負けていたとする。誰かが〝おい、そろそろ行くぞ！〟と声をかけると〝よし！〟とベンチがひとつになってドーンと逆転するんです。こういう一体感はすごいものがありましたね」

たとえONといえども、手を抜いたプレーに対しては、はっきりモノを言える雰囲気がチームにはあった。まさにひとりひとりが自立したプロの集団だったのである。

それについては09年に他界した土井から、こんな話を聞いたことがある。

「僕は誰が相手でも容赦しなかった。それは相手が長嶋さんであってもです。あれは僕がまだショートを守っていた時のこと。長嶋さんはバッティングの調子が悪くなると、守っている時にグラブをバット代わりにしてスイングをチェックしている。ピッチャーの投球なんてお構いなし。

そんな時は僕の出番です。〝サード、何やってるんだ！〟。本気で怒鳴りましたよ。長嶋さんは〝ウン、ウン〟とうなずいて、バツの悪そうな顔をしていましたが……。

王さんも同じです。スランプに陥ると下を向くクセがあった。ファーストを守りながらずっと地面をならしているんです。〝ファースト、ピッチャー放るやないか！〟と注意すると、〝いや、オレんとこには飛んでこないよ〟なんてシラッと言うんです。長嶋さんも王さんも〝地球はオレを中心に回っている〟と思っている。本当に困った人たちでした」

苦笑いを浮かべながらも、土井はこう付け加えることも忘れなかった。

「それでも僕たちが長嶋さん、王さんについていったのは、２人の練習量がハンパではなかったからです。当時、遠征先の旅館は３人部屋でした。バットは床の間に置いてある。夜中にブーン、ブーンと音がして、振り返ると長嶋さんが一心不乱にバットを振っている。起き上がったらバットが当たって殺されるんじゃないかと思ったものです。王さんの練習も鬼気迫るものがありました」

引退に結びついたケガ

末次はＶ９の立役者として、もうひとり大投手の名をあげた。４００勝投手の金田正一だ。国鉄で３５３勝をあげたカネやんは10年選手制度を利用して65年に巨人にやってきた。年齢は９歳も違うとはいえ、末次とは同じ年にチームの一員となった。

「ルーキーの年のキャンプ、僕たちは早起きして宮崎の大淀川沿いを走るんです。宿舎に帰ると〝金田鍋〟が待っている。金田さんは東京から食材を持ち込んで、自分で鍋を作るんです。それも朝からですよ。まだ体力のない僕たちが1杯食べて〝ごちそうさま〟と言うと〝こら、2杯食べろ〟と。食事について、あれだけうるさい人はいなかったですね。

金田さんはトレーニングについても熱心でした。とにかく、よく動くし、走るし、体操もする。最初は王さんも長嶋さんも、朝はアップしかしなかったんですが、それを見た金田さんが〝なんだ、もう終わりか。こんなランニングじゃダメだ〟と言うものだから、王さんも長嶋さんも走ることの大切さを改めて知った。

プロとしての準備は、どうあるべきか。それを教えてくれたのが金田さん。巨人にも随分いい影響を与えたと思います」

監督の川上も、金田に対しては「選手に食べることを教えてくれた」と感謝していた。それを受けて金田も、「野球はまず365日、いいものを3食食べなきゃ話にならない。食事がV9の礎になった」と語っている。

末次の最後は不運だった。77年、オープン戦前の練習で同僚の打球を左目に受け、その後遺症に悩まされた。このケガがなければ、あと3、4年は現役でやれただろう。

「今でも左目の視力はほとんどありません。なにしろ水晶体にボールの縫い目がついていましたからね。キャッチボールのボールを捕ろうとしていた時だったので、目を開けたままの状態で打球を受けてしまったんです。

それでもまだよかったのは、当たった目が利き目じゃなかったこと。人間って、利き目で見るそうですね。これは不幸中の幸いでした。とはいえ、遠近感は掴めなくなりました。最初のうちは飲み物を注ぐのも、コップの手前でボトボトこぼしたりしていました。車を運転していても、気が付くと車間距離が急に接近しちゃっていたりと……。ゴルフも大きなハンデになりましたね」

淡々と語り、こちらを向いてポツリと漏らした。

「人間の運命なんて、本当にわからないものですよ」

ONの後を打った男も、12年で70歳になった。現在は一線を退き、母校・中大野球部のOB会会長やジャイアンツ・メソッド九州ベースボールアカデミーの名誉校長を務めている。

3番・王、4番・長嶋、5番・末次——。球史に燦然と輝くV9巨人のクリーンアップの一角を担った男にとって「最高の瞬間」とは？

「ON2人を塁に置いてホームランを打った時の喜び、これは最高でしたね。ホームに還ると、あの2人が僕を待ち受けているんですから。これは他のチーム、他の時代では経験できなかったこと。今も僕の心の宝物です」

元読売巨人軍

緒方耕一

Koichi Ogata

スタートで
大事なのは勇気。
それには
不安と緊張を取り除く
準備が不可欠。

緒方耕一(おがたこういち)
1968年、熊本県生まれ。
87年、ドラフト6位で巨人入団。
90年と93年に盗塁王を獲得。
98年、30歳の若さで引退。
その後は、解説者やコーチとして活躍。
●
盗塁王:2回(90年、93年)

頼みの〝足〟が仇に

足に笑い、足に泣く——。

ひと言で言えば、そんなWBCだった。

2013年3月、3連覇を目指した侍ジャパンは準決勝で散った。プエルトリコ相手に1対3。8回の走塁ミスが命取りになった。

舞台はジャイアンツの本拠地サンフランシスコAT&Tパーク。先制したのはプエルトリコだった。1回表2死一、二塁の場面で5番のマイク・アビレスが日本先発の前田健太からセンター前にタイムリーヒットを放った。

その後はゼロ行進が続き、試合は1点を争う緊迫した展開となった。

7回表、日本は2番手の能見篤史が誤算だった。無死一塁の場面で、6番のアレックス・リオスに2ランを浴びた。

しかし、スコアはまだ0対3。小刻みな継投で、日本は辛抱強く反撃の機会を待った。

8回裏、1死から1番の鳥谷敬が右中間を破る三塁打を放った。2次ラウンドの台湾戦では9回2死に起死回生の同点打を放っている2番・井端弘和がライト前に流し、1対3。さらに3番・内川聖一がライト前に弾き返し、1死一、二塁。流れは一気に日本に傾きかけたかに思われた。

ここでプエルトリコは08年ワールドシリーズで2勝を挙げ、フィリーズの世界一に貢献したクローザーのJ・C・ロメロをマウンドに送った。

バッターは監督の山本浩二が「打てなくても代えない」と全幅の信頼を置く4番の阿部慎之助である。同点から逆転への期待が膨らんだ。

カウント0－1からの2球目だった。インコース高めのボール球を阿部は見逃した。

次の瞬間、あろうことか、一塁走者の内川が二塁ベース目がけて突進しているではないか。その一方でスタートを切りかけた二塁走者の井端は、三塁を陥れるのは無理と判断したのか、二塁ベースに戻っている。

行き場をなくした内川は、二塁ベース手前でタッチアウト。局面は1死一、二塁から2死二塁へ。日本は自爆に近いかたちで、最大のチャンスを潰してしまった。

意気消沈の日本は9回裏、1死から糸井嘉男が四球で出塁したものの、後続を断たれた。後味の悪い敗戦となった。

試合後、内川は泣きながら自らを責めた。

「あれはやってはいけないプレー。言い訳はできない。飛び出した自分が悪い。僕のワンプレーで終わらせてしまって申し訳ない……」

井端も言葉少なだった。

「ディス・ボール(この1球で行け)じゃなかった。〝行けたら行け〟という感じだったので……」

重盗のサインを出した山本は「この作戦は失敗しましたが、悔いはありません」ときっぱりと言い切った。

ベンチからのサインを中継して選手たちに伝えた三塁ベースコーチの高代延博は、「ピッチャーのモーションが大きく、十分に狙えるという判断だった。井端がスタートを切れなかった。それで止まってしまっては後ろの走者(内川)は難しい」と言って唇を噛んだ。

現場にしかわからない答え

作戦に正解はない。全ては結果で判断される。

それは重々承知しつつも、なぜ、あの場面で重盗だったのか。なぜ二塁走者の井端はスタートを切りながら、二塁ベースに戻ったのか、なぜ一塁走者の内川は脇目もふらずに突進したのか――。

侍ジャパンの将来のためにも、これらのことは一度、きちんと検証しておく必要がある。

そこで日本代表外野守備走塁コーチで一塁ベースコーチも務めた緒方耕一を直撃した。

「実はロメロというリリーバーは、プエルトリコの中でも最もモーションの遅いピッチャーだったんです。だからピッチャー交代の時、井端に〝走れるから〟と伝えに行っているんです。〝もしかしたら、監督から（重盗の）サインが出るかもしれないから、準備だけはしておいてくれ〟と告げました。

もちろん、一塁走者の内川にも同じことを言いました。〝サインが出るかもしれないから、井端の動きを見ておけ〟とね」

物議をかもしたベンチのサインはディスボール・ボールだったのか、それともグリーンライト（行けると判断したら行け）だったのか？

「できれば走ってほしいというリクエストのサインでした。これについては〝なぜディス・ボールじゃなかったんだ!?〟という批判を後で随分いただきました。〝グリーンライトは選手任せでかわいそうだ〟とかね。

でも、現場を知っていれば、そんなことは言えない。むしろ逆なんです。僕に言わせればディス・ボールほど選手にプレッシャーをかける無責任なサインはない。サインだけ出しておいて〝後はオマエら頼んだぞ〟というわけですから。

言うまでもなく、ディス・ボールのサインが出たら、どんなに難しいタイミングだろうが選手は走らなければなりません。僕にも経験がありますが、〝『逆回りの牽制』（足を上げて、時計回りでの牽制）がきたらどうしよう〟とか、いろいろと神経を使わなければなりません。ちょっとひねくれた選手だったら、〝スタートが遅れてしまいましたが、サインが出たから走りました。どこが悪いんですか？〟と開き直るかもしれない。でも、それでは困るんです。僕はディス・ボールより、はるかにグリーンライトの方が選手のためのサインだと思いますね」

内川の走塁に非がない理由

ディス・ボールよりもグリーンライトのサインの方が選手にはありがたいのはわかるとして、では、なぜ井端は一度、スタートを切りながら立ち止まったのか。

「ウーン、井端はシーズン中、ほとんど三盗なんてやったことがないでしょう。だから途中で止まった気持ちもわからないではない。自信がなかったんでしょう。

あの場面、僕はピッチャーを見ながら、井端の動きも視界に入れていて、彼が三塁に向けて一歩クロスオーバーした瞬間〝よっしゃ!〟と思ったんです。（三塁ベースコーチの）高代さんも〝走った!〟と判断し、キャッチャーが捕って投げようとした瞬間〝滑れ〟というジェスチャーを起こしかけていた。

僕はキャッチャーが三塁に投げないので〝よし、余裕でセーフだ〟と思ったんです。と、次の瞬間、（ヤディアー・）モリーナが前に走り出したからびっくりした。で、パッと見たら、二塁ベース上に井端がいる。さらにびっくりしましたよ」

緒方以上に驚いたのは内川だろう。目の前にいないはずの井端がいたのだから……。

「ただし内川は責められません。もし僕がランナーでも、全力で二塁に行っていたと思います」

緒方が念を押すように、そう言ったのには理由がある。

もう一度、問題の場面を振り返ろう。2点ビハインドの1死一、二塁。8回裏という状況を考えれば、最悪でも同点に追いついておかなければならない。そのためには1死二、三塁という状況をつくり出す必要があった。

ましてやプエルトリコのキャッチャーはメジャーリーグでも屈指の強肩モリーナである。

仮に井端の三盗が成功したとしても、自分が殺されてしまっては意味がないとの強迫観念が内川にはあったはずだ。猪突猛進の背景には、そうした事情があったのだ。

緒方は説明する。

「ダブルスチールは、ひとりが成功してもひとりが殺されてしまったら意味がない。2人揃って次のベースを陥れて初めて成功と言えるんです。

中には〝あそこは井端だけ行って、内川は行かなくてもよかった〟という人もいましたが、それではサインの意味がない。あの場で重盗のサインが出れば、余程走る気のない選手以外は、皆走りますよ。

しかもキャッチャーはモリーナですよ。三盗の阻止が難しいと判断すれば、二塁に投げてきますよ。内川にすれば〝井端さんがセーフになったのに、自分がアウトになったら意味がない〟との切羽詰まった思いがあったと思います。だから余計に内川に非はないんです」

二塁走者の井端は責められない、一塁走者の内川に非はない——となれば、失敗の原因は、どこに求めればいいのか。

〝偽走禁止〟の徹底が不可欠

首脳陣のひとりが重い口を開いた。

「敢えていえば、〝偽走禁止〟をきっちり選手たちに伝えていなかったベンチでしょうか。おそらく、ほとんどのチームが偽走を禁じていると思います。これをやると後ろのランナーに迷惑をかけてしまうからです。いわば野球における常識です。

ところが、それを徹底していない球団もある。中日がそうだったかどうかはわかりませんが、井端にそうした気持ちがなかったとしても、客観的に見れば、あれは〝偽走〟にあたります。

これが代表チームの恐ろしいところです。〝これは常識だからわかっているだろう〟で済ませるのではなく、きちんと確認しておく必要があった。

代表選手とはいえ、皆、走りの意識が高いとは言えない。中には、走ることに興味のない選手もいる。今後は全選手に対して事前に確認しておくべきでしょうね」

鳥谷の盗塁には根拠があった

第3回WBCでは足に救われた場面もあった。2次ラウンドの台湾戦である。ホームの東京ドーム。9回の最後の攻撃を前に、日本は2対3と追いつめられていた。1死後、鳥谷が四球を選んだ。同点のランナーだ。2010年から13年まで4年連続で2ケタの盗塁を成功させている鳥谷だが、緒方の言葉を借りれば「走りのスペシャリストではない」。

塁上の鳥谷に、そっと告げた。

「絶対に走れるからな」

緒方には根拠があった。

「あの時の陳鴻文というピッチャーは始動からストレートがキャッチャーのミットに届くまでの時間が1・4秒台でした。二盗を阻止したいのなら、遅くとも1・25秒を切らなくてはならない。1・25秒以内なら、キャッチャーが捕ってから投げて2秒くらいで（二塁ベース上に）届けば、だいたいアウトにすることができます。

たとえば巨人には鈴木尚広《たかひろ》、藤村大介という走りのスペシャリストがいます。彼らの足をもってすれば、1・1秒台の投手でも十分、勝負できます。まぁ、彼らは特別だとしても、1・25秒を超えれば、ちょっと足のあるランナーなら二塁をとれます。1・3秒台なら確実に成功するでしょう。

そうしたデータを踏まえて判断すれば、1・4秒台なら鳥谷の足をもってすれば、まずアウトになることはない。だから僕らに言わせれば、あれはイチかバチかではなく、根拠のある盗塁だったのです」

緒方は、「できれば初球から走って欲しい」と考えていた。早い段階で1死二塁、つまり一打同点の場面をつくっておきたかった。それはベンチの意思でもあった。

ところが続く長野《ちょうの》久義が初球をセンターに打ち上げる。2死一塁。盗塁が失敗すれば、即座にゲームセットである。鳥谷が背負ったプレッシャーは想像して余りある。

「いや、結果的にはああいう展開になってよかったかもしれません」

そう前置きして、緒方が言葉をつないだ。

「結果として鳥谷は井端の初球に走るわけですが、ピッチャーの陳鴻文が1球、牽制をはさんでくれた。いくらモーションが遅いといっても、ランナーは初めて対戦するピッチャーには不安なものなんです。ボークまがいの牽制とかもありますから。

しかし、1球牽制をはさんでくれたことで、スタートの勘が掴めたと思うんです。これは世界共通で言えることですが、抑えを本職とするピッチャーは〝バッターを牛耳ってナンボ〟という思想を持っている。だからランナーに対する意識は薄く、牽制しても、だいたい3回くらいなんです。この陳鴻文に対しては〝牽制は単発でしかやらない〟というデータを僕たちは既に持っていました。もちろん、そうした情報は全て試合前に選手たちに伝えています。

だから鳥谷は〝もう牽制球はこないだろう。もし牽制球がきても、ターンが遅いから十分に帰塁できる〟ということで思い切ってスタートを切れたんだと思います。走った瞬間にセーフになる確信がありました」

そうは言うものの、鳥谷が二塁ベースに滑り込んだ瞬間、ヒヤッとしたのも事実である。残念ながら審判が100％正しいジャッジをするとは限らないのが野球である。

「それはご指摘の通りです。僕らが見ていても〝あれっ⁉〟と思うような微妙な判定があるのは事実です。実際、台湾バッテリーは、あの場面に限っては、最高のプレーをした。キャッチャーの送球もストライクでした。それでもセーフだったということは、逆に言えば鳥谷は100回走って100回セーフになるということでしょう」

2死二塁。ここで井端がセンター前に弾き返し、日本は土壇場で同点に追いつく。そして延長10回表、中田翔が勝ち越し犠飛を打ち上げ、日本は地獄の淵から生還するのである。4時間37分の死闘。侍ジャパンにとってはWBC史上に残る名勝負となった。

入団直後にスイッチに転向

緒方は熊本の名門・熊本工からドラフト6位指名を受け、1987年、巨人に入団した。俊足をいかすため、須藤豊二軍監督（当時）の指示で入団した年の秋にスイッチヒッターに転向した。

「最初に〝オマエ、スイッチやれ〟と言われたのは夏頃でした。もちろん断りました。〝いや、無理です。今までの倍努力しますから、右だけでやらせてください〟って。だって、右でも苦労してたんですよ。二軍とはいえ、高校時代には見たことないようなストレートやスライダーばかりなんです。フォークボールなんて視界から消えていました。右で打てないのに、左で打てるわけないじゃないですか」

しかし須藤は執拗だった。季節の変わり目に再び緒方を呼び、「やってみろ!」と命じた。前回よりも、さらに強い口調だった。

「なにしろ、まだ19歳の子供ですから〝今度も断ったら何をされるかわからない〟と不安になりました。その頃、シーズンが終わると巨人の若手はアリゾナの教育リーグに参加していて、僕も連れて行ってもらいました。

アリゾナにやってきて、数日後ですよ。〝今日の試合、右ピッチャーの時は左打席に立て！〟と命じられた。こっちはまだマシンで2、3日しか練習していないんですよ。しかも先発予定の黒人ピッチャーは体が大きく、メチャクチャ速い。しかもシュート回転のボールで球筋が汚いんです。〝ウワァ、怖ぇー〟という印象ですよ。

いきなり2ナッシングと追い込まれました。不思議なことに、こうなるとピッチャーへの恐怖心より、見逃し三振を喫してベンチに戻った時の須藤さんへの恐怖心の方が大きくなってくるんです。

で3球目、ピッチャーが投げた瞬間にバットを振った。無我夢中で、どんなボールだったのかさえも覚えていない。ところが運のいいことに、打球がピッチャーの足元を抜けたんです。〝あっ、センター前だ！〟と思って必死に走りました。結果的にはショートゴロだったんですが、僕はメチャクチャ嬉しかった。〝あっ、オレ、スイッチでも何とかなるかも〟と……。ベンチに帰るなり、須藤さんから〝オマエ、よう振ったなぁ〟と褒められました。これは本当に大きな自信になりました」

プロで生き残るための鉄則

入団3年目の89年、緒方は76試合に出場し、規定打席不足ながら打率3割8厘、13盗塁をマーク。藤田元司監督（当時）に気に入られた。

「藤田さんには、よく言われました。〝オレはちょろちょろするヤツが嫌だったんだ〟って。現役時代、僕みたいなタイプと対戦するのが嫌いだったんでしょう。それが僕には幸いしました」

デビュー戦での失敗は、今でも忘れられない。5月13日、甲子園での阪神戦だった。

「ショートを守ったのですが、エラーを2つして、送りバントも失敗。途中で交代させられました。完全に甲子園の独特の雰囲気にのまれてしまいました。正直、〝これで終わったな〟と思いました。〝もうチャンスは来ないだろう〟と……。

ところが、どういうわけか次の九州遠征でも、また使ってもらった。地元ということで温情があったのかもしれません。そして、平和台での試合でヒットを3本打ちました。しかも左右両打席で。この活躍がなかったら、本当に僕は終わっていたかもしれません」

こうした自らの経験を踏まえ、緒方はプロ野球で生き残る術を、次のように語る。

「ドラフト1位の選手は、育てないとメンツが潰れるものだから、球団もそれなりに配慮すると思います。しかし、2位以下の選手は、そうではありません。どこかで爆発的な活躍をしなければなりません。ファンが〝なんで、あの選手を使わないの?〟と言ってくれるようなプレーを見せなければ、首脳陣も長くは使ってくれません。

だから僕は巨人の2軍コーチ(02~03年、06~07年)をしている頃、よく若い選手に言いました。〝チャンスは皆、平等だ。ただし、1軍で与えられるチャンスは、あっても2回か3回だ。そう多くはない。それをモノにしないと生き残れないぞ〟と。特に巨人のような競争の激しいチームにおいて、それは鉄則だと思います」

盗塁には勇気と準備が不可欠

現役時代の緒方は守れと言われれば、内野でも外野でもどこでも守った。何しろ当時の巨人はファースト駒田徳広、セカンド篠塚利夫、サード岡崎郁《かおる》、ショート川相昌弘と内野のメンバーは、ほぼ固定されていた。

不動のメンバーの中に割って入るには、足をいかすしかなかった。それが緒方の最大にして唯一の武器だった。

90年、緒方は119試合に出場し、打率こそ2割5分9厘ながら33盗塁を記録し、初の盗塁王に輝く。その3年後の93年にも24盗塁で、2度目のタイトルを手中にした。

いわば、〝走りのスペシャリスト〟である緒方に、「盗塁において大切なものは?」と問うと「勇気と準備」という言葉が返ってきた。

「スタートを切るのに一番大切なもの、それは勇気です。準備が足りないと不安にもなるし緊張もする。これでは勇気は湧いてきません。

ほら、プロ野球選手って、よくルーティンを決めるでしょう。イチローだって、小笠原道《みち》大《ひろ》だって。あれって〝やるだけのことはやったんだ。オレは大丈夫なんだ!〟と自分を安心させるための、ひとつの儀式なんです。

盗塁において言えば、体の面では入念な準備体操が必要だし、頭の面ではピッチャーのクセや傾向を、しっかりおさらいしておく必要がある。本番になって慌てても、もう遅いですから……」

〝便利屋〟を自称する緒方は、代走としても重宝がられた。基本的に代走が起用されるのは1点が欲しい場面である。バッテリーの警戒網を嘲笑《あざわら》うように二盗や三盗を決め、前進守備やキャッチャーの強固なブロックをかいくぐって、本塁を陥れるのが仕事である。緒方は「もっと代走の価値を認めてほしい」と力説する。

「同じ盗塁でも、4回の打席の中でひとつ決めるのと、代走として出場し、タイトなマークの中で決める盗塁とでは価値が違います。これはもう、拍手喝采ですよ。ゲームの勝ち負けに、そのまま直結してくるわけですから……」

捕手からサインを盗む

乾坤一擲の盗塁を決めるためには、ピッチャーのクセのみならず、キャッチャーのスキも見逃してはならない。緒方は何を見ていたのか。

「一塁に出てリードを取る。東京ドームだと土のアンツーカーあたりまでリードを広げるとキャッチャーのサインが見えるんです。当然、変化球のサインだったら〝よし、走ろう〟となります。

実は13年のWBCの時、慎之助（阿部）のサインがちょっとだけ見えたので、すぐに注意しました。〝あっ、今の見えましたか!?〟と、すぐに修正した慎之助はさすがです。

僕がやっていた時のトップクラスのキャッチャー、たとえば古田敦也さんや谷繁元信は全く見えませんでした。アンツーカーから両足を出しても見えなかった。

こういう話をしても、盗塁に興味のある人にしかわかってもらえないんですが、プロ野球のスペシャリストたちは、そこまで調べるんです。これも準備の一環なんです」

よく「足にスランプはない」という。緒方の話を聞いていて、それは必ずしも身体能力を意味するものではないということがよく理解できた。

つまりは、考えることを止めない——。それこそがスランプを遠ざける唯一の特効薬ということなのだろう。いやはや盗塁や走塁は奥が深い。

読売巨人軍

井端弘和

Hirokazu Ibata

シーズン後、"アイツがいたから巨人は勝てた"と思われたい。僕のようなタイプは、そうはいないから。

井端弘和(いばたひろかず)
1975年、神奈川県生まれ。
98年、ドラフト5位で中日ドラゴンズに入団。
2001年からショートのレギュラーに定着。
荒木雅博との二遊間、
打順1・2番コンビは"アライバ"
と呼ばれ一世を風靡した。
10年、荒木と入れ替わる形で
二塁手へコンバート。
13年の第3回WBCでは勝負強い打撃で
決勝ラウンド進出に貢献し、
大会のベストナインに選出。
同年オフに巨人へ移籍。
●
ベストナイン:5回(02年、04〜07年)
ゴールデングラブ賞:7回(04〜09年、12年)

挑戦者としてのスタート

プロ野球協約では、契約更改の際に年俸が1億円を超える選手は40％まで、1億円以下の選手は25％までと、減額の幅が定められている。これ以上のダウンについては、選手本人の了解を得なければならない。

巨人の井端弘和は昨年10月、中日の新GMに就任した落合博満から、実に88％カットの金額を提示された。2億5000万円から3000万円への大幅ダウンである。

昨シーズン、中日は12年ぶりのBクラス（4位）と振るわず、井端も100試合の出場にとどまった。規定打席に届かず、打率2割3分6厘、1本塁打、盗塁0では減俸もやむをえまい。

守備の面でも、故障した右足首の影響か「これまで捕れていた打球」が捕れなくなっていた。

「今まではたとえ捕れなくても、グラブには当たっていた。ところが昨シーズンは（打球が）グラブの下を通っていた。（故障した）右の足首が動いていなかったからでしょう」

落合GMは、そんな井端を事実上の戦力外とみなした。

「話し合いを続けてきたが、ご本人の意思が固く、契約更新を断念せざるをえなくなりました」

中日・西山和夫球団代表が、記者会見でそう話したのは、昨年11月4日のことである。

井端は一時、野球を辞めようかとも思ったが、思い直した。巨人からオファーがあったのは、それからしばらく経ってからである。

入団に際し、原辰徳監督はこう語った。

「戦力的には内野のどのポジションもカバーできるし、WBCで見せたしぶといバッティングは大きな力になる」(月刊ジャイアンツ2月号)

巨人の内野は陣容が充実している。サードには昨シーズンのベストナイン村田修一がいる。ショートの坂本勇人は25歳の若さにして、ベストナインに2度も輝いている。セカンドのレギュラー候補の一番手は、埼玉西武からFAで移籍した片岡治大《やすゆき》。ポストシーズンで名をあげた寺内崇幸《たかゆき》もいる。

この中に38歳のベテランが割って入るのは容易ではない。

だから、井端はこう語ったのだ。

「空いているポジションがないので、こそっと頑張ろうかな、と。結果を出さないと出られないので、まずは打たないと、と思っている。いつもキャンプは定位置を奪うつもりでやってきたが、改めて気持ちを入れてやらないといけない」

期待されるＷＢＣでの役回り

巨人では代打としての起用の他、どこでも守れる強みをいかし、守備固めでの起用もありそうだ。いわゆる「スーパーサブ」である。

原の頭にあるのは第３回ＷＢＣでの井端の役回りではないか。

第３回ＷＢＣで日本代表の監督を務めた山本浩二は、井端の代表入りの理由をこう述べた。

「井端は阿部慎之助のサポート役」

井端は指揮官の期待通り、いや期待以上の活躍を演じた。

早くも初戦で出番が回ってきた。昨年３月２日、ヤフオクドームでのブラジル戦。負ければ１次ラウンド突破すら難しくなるという大事な試合だ。

井端が代打で起用されたのは、２対３と１点ビハインドで迎えた８回表１死二塁の場面。マウンドは社会人野球のＨｏｎｄａでプレーする日系２世の仲尾次《なかおし》オスカル。１ボールからの２球目、「シュート気味の真っすぐ」をヒジをたたんで、ライト前に弾き返した。

値千金の同点打。勢いに乗る日本は、この回、1死満塁から代打・阿部の内野ゴロ、松田宣浩《のぶひろ》のタイムリーで、さらに2点を追加し、5対3で接戦をものにした。

振り返って井端は語る。

「あのヒットでちょっと流れが自分に来たかな、と思いました。まさか、あんなにうまくいくとは思いませんでしたけど……」

続く2次ラウンドでも井端はチームの救世主となった。東京ドームでの台湾戦。負ければキューバとの敗者復活戦に回らざるをえなくなる。

このゲームの主導権を握ったのは台湾だった。3回裏には押し出し、5回裏には彭政閔《ポンジエンミン》のヒットで2点を先行した。

8回表、日本は阿部、坂本の連続タイムリーで2対2の同点に追いついたが、その裏、台湾は田中将大《まさひろ》を攻め、3対2と再びリードを奪った。

日本も粘る。9回2死一塁。クローザー陳鴻文の初球に一塁ランナーの鳥谷敬が二盗を決めた。

鳥谷の足をもってすれば、外野に打球を弾ますことができれば、同点となることはほぼ間違いない。

井端の心境は？

「2アウトだったので、最後のバッターにだけはなりたくないという思いでいました。そこで、鳥谷が走ってくれたので、元気をもらいましたね」

陳鴻文の3球目を井端は空振りした。これで考えが変わった。

「ちょっとボールも（横に）滑っていたので、〝あっ、これは引っ張っちゃダメだ〟と思いました」

5球目のストレートを、井端は腰を回転させてセンター前に運んだ。打った瞬間は、

「ちょっと、差し込まれたかな」

と思ったが、おっつけるようにして持っていった。この一打で同点となり、試合は延長戦へ。延長10回表、中田翔の勝ち越し犠飛により4対3と、日本は薄氷を踏むような戦いながら、かろうじて台湾を振り切り、アメリカ行きを決めた。井端は2次ラウンドのMVPにも選出された。

「あまりチームの状態がよくない中、自分の持ち味を発揮することができた。年齢的にも、もう（国際大会は）最後かなと思っていたので、（WBCの日本代表に）選出された場合〝控えでも何でもいいから、自分の仕事をやる〟と決めていました。

これまで2003年アテネ五輪予選、07年北京五輪予選で日本代表に選ばれたことはあったんですけど、なかなかメインの戦いに出ることはできなかった。それだけにWBCでアメリカに行けたのは嬉しかった。WBCの代表に選ばれた以上は〝本場のアメリカで試合がしたい〟と思っていたので、個人的には達成感のある大会になりました」

急造チームゆえの失敗

大会3連覇を目指していた日本は準決勝でプエルトリコに敗れた。8回裏、1対3と2点を追う日本は1死一、二塁の場面でダブルスチールを仕掛けたが、失敗に終わった。二塁走者の井端はスタートを切りかけたが、三塁を陥れるのは無理だと判断して、二塁に戻った。行き場を失った一塁走者の内川聖一が二塁ベース手前でタッチアウトになった。

このプレーについて、井端はどう考えるのか？

「ベンチからのサインがディス・ボールだったら、僕は無理にでも（三塁に）行かなければならない。ところが〝行けたら行け！〟というサインだったんです。

ドラゴンズでは〝前のランナーが行けば（後のランナーも）行く〟という感覚でやっていた。残念ながら代表チームは急造チームゆえ、そのあたりが徹底できていなかった。

僕に思い切りがなかったと言えば確かにそうかもしれませんが、（ダブルスチールを）仕掛けるのなら、その前に（僕に）代走でしょう。そうしたことも含めて、僕は（サインの意味を）整理できていなかった。バッターも4番の阿部慎之助でしたし……」

影響を受けた2人の名手

1998年にドラフト5位で亜細亜大学から中日に入団した井端がショートのレギュラーポジションを獲得したのは、4年目の01年からである。以来、ベストナインに輝くこと5度、ゴールデングラブ賞は7度、日本球界を代表するショートストップである。

井端にはショートとして影響を受けた選手が2人いる。ひとりは阪神から98年に中日へ移籍してきた久慈照嘉《くじてるよし》、もうひとりは巨人から04年に移籍してきた川相昌弘である。

「久慈さんは天才でした」

井端は語る。

「久慈さんと僕は同じ98年の入団。最初は久慈さんのプレーを真似しようとしたのですが、あまりにも天才過ぎて、僕には無理でした。

久慈さんは捕ることと投げることが、ひとつの動作になっているんです。グラブのさばき方もやわらかくて、いつ捕ったのか、いつ投げたのかさえわからない。その点、川相さんのプレーは捕ることと投げることが別々の動作になっているから、まだわかるんです。久慈さんのプレーが天才的なら、川相さんは堅実というイメージでした」

川相から攻守の基礎を教わる

久慈と川相。どちらも名手だが、タイプは違っていた。

「僕が参考にしたのは川相さん。一番教わったのは早く構えること。ボールが来てからグラブを出すんじゃなく、早めに（ボールを）捕る姿勢をつくっておく。そうすれば捕った後の足さばきもうまくいくんです。

川相さんにはスローイングも教わりました。早く構えることで、投げる準備もできるようになった。それによってスローイングミスも少なくなりました」

現巨人ヘッドコーチの川相が球団に見切りをつけ、入団テストまで受けて中日に移籍したのは39歳の時だった。

原辰徳から堀内恒夫への突然の監督交代を受け、内定していた「一軍守備走塁コーチ」のポストは宙に浮いてしまった。

「だったら違う球団で現役を続けよう。そう思って自由契約にしてもらったんです」

井端にはスローイングに欠点があった。「ヒジが悪いこともあってアンダーハンドで投げていた」と川相は振り返る。

「ああいう投げ方をすると、余計にヒジに負担がかかる。だから〝いい体勢で捕球した時には、しっかり上から投げろ〟とアドバイスしました」

川相は当時、2番を打つことが多かった井端にバントの基本も教えた。というのも、バントの名手である川相にはどうしても気になる点があったのだ。

「左手と右手の距離が開き過ぎていた。これだと、どうしても構えが不安定になってしまう。しかも井端にはバットのヘッドが下がるクセがあった。それを矯正するため、左手の位置をもう少し高くすることを勧めました」

アドバイスを受けた井端は、どうだったのか。

「川相さんが指摘してくれたように、左手と右手の間隔は広すぎても狭すぎてもダメなんです。広すぎるとバットが不安定になるし、狭すぎると（ボールに）バットが負けてしまう。ちょうど肩幅くらいに保てばバランスがよくなる。

それと、もうひとつ。川相さんからバットと目の間隔を一定にするようにと教わりました。

これによって成功率が上がり、警戒されている場合でも、より正確に〝死んだボール〟を転がせるようになりました」

川相とはヘッドコーチと選手という立場で4年ぶりに同じユニホームを着ることになった。

それを受けて井端は語った。

「僕は打つのも守るのも、早めの準備さえできていれば慌てる必要はないということを川相さんから教わりました。だから、僕が若い選手にアドバイスするとしても、同じことになるでしょう。

たとえば坂本。彼は僕と同じ足を上げて打つバッター。僕もそうなんですが、打てなくなると、どうしても足を上げるのが遅くなる。その点だけは注意しようと思っています」

ベテランの移籍は〝頭脳流出〟や〝技術移転〟をも伴う。川相が中日でそうしたように、今度は井端が巨人の中堅や若手に自らの経験を伝える番だ。

バイプレーヤーとして、ベンチから大きな期待が寄せられる井端だが、それ以上に彼の〝無形の力〟はチームにとって貴重な戦力となるに違いない。

転機となったコンバート

井端にとっての転機は10年、当時の監督・落合からセカンドへのコンバートを命じられた時だろう。これにより、セカンドの荒木はショートに回った。

落合の狙いは、次のようなものだった。

〈守備の名手をあえてコンバートした大きな理由のひとつは、井端と荒木の守備に対する意識を高め、より高い目標を持ってもらうためだ。

若い選手はプロ野球という世界に〝慣れる〟ことが肝心なのだが、数年にわたって実績を残しているレギュラークラスの選手からは、〝慣れによる停滞〟を取り除かなければいけない。もちろん、こうした私の考えを二人には話し、「挑戦したい」という意思を確認した上でコンバートに踏み切っている。解説者をはじめ、このコンバートに疑問を呈する人はいたと思う。だが、監督という立場でドラゴンズの2、3年先を考えると、井端の後釜に据えられる遊撃手が見当たらなかった。そこに荒木を据えて2、3年後も万全にしておきたいという事情もあったわけである〉（落合博満著『采配』ダイヤモンド社）

それまで〝アライバ〟は04年から6年連続でゴールデングラブ賞を受賞していた。球界きっての名コンビを、わざわざ配置転換する必要があるのかとの疑問の声が上がったのは当然である。

しかし、井端に戸惑いはなかったようだ。

「コンバートの話は、実は落合さんが監督になった時からあったんです。だから、いつかそうなるだろうな、とは思っていました。

それに元々、荒木は高校時代はショートの選手で、逆に僕は大学ではセカンドを守っていた。互いに慣れ親しんだポジションということもあり、動揺はありませんでした。

ただ、正直言って〝まさか、この時期に〟というのは、ありましたよ。2人とも、それぞれ実績を残していましたからね。

どちらが大変だったかと言えば、それは荒木の方だと思います。二遊間のコンバートはショートがセカンドに回るより、その逆の方が、はるかにきつい。

というのもセカンドは、プレーに対し多少、時間的な余裕がある。ところがショートは0・1秒でも短縮しなければいけない。ちょっとジャッグルしただけでゲッツーを取り損なったり、ファーストに打者走者を生かしてしまうことがある。その分、精神的にもショートの方がきついのは確かです」

このコンバートについては、荒木にも訊ねたことがある。井端の指摘通り、苦労したのは荒木の方だった。

「一番ショックだったのはファーストまでボールが届かないこと。普通に投げたら全部ショートバウンド。思いっ切り投げたら暴投になりました。暴投だけじゃありません。トンネルはするわ、弾くわ……。〝オレ、こんなんで試合に出ていいのかな〟と落ち込みました。その頃は、冗談ではなく落合さんを恨みました。〝オレの野球人生、どうしてくれるんだ!?〟って。悔しくて眠れない日が続きました……」

荒木の守備が安定してきたのは足の重要性を認識してからだった。セカンドの場合、少々、スローイングの体勢が崩れてもファーストまでは届く。ところがショートは、そうはいかないのだ。

「そのために一番重要なのは足。足が使えなければショートは守れない。僕の送球が安定しなかったのも、足が使えていなかったのが原因です。11年にそれを実践してみて、やっと落合さんが言っていたことが理解できました。〝あ、監督が言っていたのは、これだったのか!〟と。落合さんは常々、〝下半身を使え〟と言っていましたから……」

会話なしで互いを理解

落合が退任し、高木守道が監督に就任した12年、2人は元のポジションに戻った。配置転換の2年間も含め、〝アライバ〟はレギュラーとして10年にわたってコンビを組んだ。阿吽《あうん》の呼吸のグラブトスは一世を風靡した。

球史を彩る名コンビの思い出を、井端は次のように語る。

「最初のうちは、2人でよく会話をしていました。打者がかわるたびに、相手の顔を見ていました。ポジショニングやベースの入り方についても、よく議論していました。

しかし（コンビの）終わりの頃は、ほとんど会話することもなくなりました。長いことやっていると、互いにどういうプレーをするか動きを見ていなくてもわかるんです。ヒットかアウトかも、だいたいわかりましたね。

苦労したのは相手がかわった時です。たとえばセカンドに若い選手が入ったとする。もう、どの位置にいるか気になって気になって、ピッチャーが一球投げるたびに確認していました。

こうしたことでもわかるように、二遊間はコンビネーションが重要。会話をかわさなくても互いの考えや動きが理解し合える関係が理想です。ただ、そうなるためには、ある程度、時間がかかる。熟成のための時間ですね」

足指のトレーニングに挑戦

昨年10月、右ヒジと右足首の手術を受けた。レギュラーで13年も野球をやっていれば、体にガタがくるのは当たり前だ。過去への決別の思いも込めて、井端は体にメスを入れた。

「このままでは、もう（プレーするのは）無理だと判断して手術に踏み切ったのですが、思っていた以上に順調に回復しています。

まずヒジですが、もう10年以上前から〝手術しなければダメだ〟と言われていました。ネズミ（遊離軟骨）が神経を圧迫していたんです。今は〝あ、こんなに楽なのか！〟という感覚です。痛みもないし、投げることに支障もない。

足首の痛みもネズミが原因でした。手術で骨を削りました。まだ１００％ではありませんが、間違いなくここ何年間かでは一番いい状態です。

手術後には発見もありました。リハビリの過程で〝ここが弱い〟〝あそこも弱い〟と、これまでとは違う目線で、僕の弱点をいろいろ指摘されました。これは環境が変わったからこそ気付かされたことです。

そうした部位を鍛えることで足首にも、いい影響が現れ始めた。これまで鍛えていなかった部位を鍛えることで、足首への負担が軽減したのかもしれません」

これまで鍛えてこなかった部位、とは具体的にどこを指すのか。

「たとえば足の指。これまでは全く鍛えていなかった。やっと自分の意思で指を開いたり、何かを掴まえたりすることができるようになりましたが、ここまでくるのが大変でした。もう、この1、2カ月はイライラしっ放し（笑）。思うようにいかないから、どうしてもイライラしてしまうんです。

要は手の指と一緒なんですよ。5本の指を意のままに操れないと、うまく捕球できない。足も同じで、指と足の裏全体でしっかりと地面を掴まえることができないと、下半身も使えない。それに、足の疲れもあまり感じなくなりました」

齢を重ねた内野手が、一番ショックを受けるのは、これまでなら簡単に追いついていた打球に追いつけなくなったり、捕球できていたボールが、グラブの下を通過したりすることだ、という。

長年かけて磨き上げた技術はそう簡単に劣化しないが、体力の衰えや故障からくる体の不具合は自らが気付かないうちにプレーの質を低下させる。昨シーズン、井端は嫌というほど、そのことを思い知らされた。

その反省を元に、昨オフ、彼は手術に踏み切り、体を総点検した。心持ち表情が明るく感じられたのは、自信を取り戻しつつある証拠か。

最後に、今シーズンの抱負を聞いた。

「144試合が終わった後、〝あぁ、アイツがいたから巨人は勝てたんだ〟と思われたい。僕のようなタイプの選手は、そうはいない。チームのスパイスになれたらいいな、と思っています」

井端は「野球人生集大成のシーズン」と位置付けている。

中日ドラゴンズ
◉選手兼任監督

谷繁元信

Motonobu Tanishige

経験が身になったと
感じ始めたのは、
ここ3〜4年。
今では
試合の潮目が見える。

谷繁元信（たにしげもとのぶ）
1970年、広島県出身。
89年、ドラフト1位で横浜大洋ホエールズ入団。
高卒1年目から1軍で80試合出場。
98年はチーム38年ぶりの日本一に貢献する。
2002年、中日に移籍。
13年5月に2000本安打、同6月に1000打点を達成。
14年より選手兼任監督。
●
ベストナイン：1回（98年）
ゴールデングラブ賞：6回（98、06、07、09、11、12年）
最優秀バッテリー賞：4回（98、04、06、11年）

1000打点の方が嬉しい

キャッチャーの2000本安打達成は野村克也（通算2901本）、古田敦也（同2097本）に続いて、中日の谷繁元信が史上3人目である。

彼が快挙となる安打を放ったのは、2013年5月6日、神宮球場での東京ヤクルト戦。打球は一、二塁間を抜けた。6回表、ピッチャーは押本健彦だった。

「何か感じると思ったけど、いつもと一緒でした。先頭打者なので塁に出たいという気持ちでした」

試合後、42歳のベテランは淡々と語った。

この試合の3週間ほど前、名古屋で本人にインタビューした。

谷繁は2000本安打達成に向かう喜びはもちろんとして、「それ以上に嬉しいのが1000打点だ」と語った。この時点で谷繁は1000打点に、あと13と迫っていた。

そこで調べてみると、キャッチャーで大台に乗せている選手は野村、古田、そして田淵幸一の3人しかいなかった。

では2000本安打と1000打点は、どちらが困難なのか。過去、谷繁を除いて前者が

43人だったのに対し、後者は39人。わずかながら、後者の方が難しいと言える。2000本安打を達成しながら、1000打点に届かなかった選手は14人もいる。

さらに谷繁は続けた。

「僕の打順はだいたい、7番か8番。こういう打順で過去に1000打点を達成した人はいないでしょう」

確かに谷繁の指摘通りだ。参考までに通算打点のベスト10を紹介しておこう。

1位・王貞治　2170
2位・野村克也　1988
3位・門田博光　1678
4位・張本勲　1676
5位・落合博満　1564
6位・清原和博　1530
7位・長嶋茂雄　1522
8位・金本知憲　1521
9位・大杉勝男　1507

10位・山本浩二　１４７５

言うまでもなく、10人全員がクリーンアップヒッターだ。11位以下を見ても、下位打順を指定席にしていたバッターは見当たらない。

２０００本安打&１０００打点達成者となると、過去に29人いるが、下位打者は谷繁ひとりだけである。

「単純計算ですけど、２本のヒットのうち１本が打点につながっているわけでしょう。結構、勝負強い方じゃないですかね」

まんざらでもなさそうな表情で谷繁は語った。

捕手は体が一番大事

キャッチャーは骨の折れるポジションである。マスクにレガース、プロテクターと身なりからして重装備だ。クロスプレーの際には、命がけで本塁を死守しなければならない。

守りの要の任を果たしながらの２０００本安打達成だから、キャッチャーのそれは余計に価値がある。

谷繁は続ける。

「キャッチャーはね、3打席目、4打席目になると、握力が落ちてくる。1試合に130球も140球も受けていると、ミットの芯から外れたところで捕る時もある。〝痛っ〟となりますよ。そのまま次のイニング、先頭打者として打席に入ると、もうバッティングどころじゃない。力が入りませんから……」

リード、スローイング、キャッチング、バッティング……多くの要素が求められるキャッチャーにあって、一番重要なものは何か。

谷繁の答えは、こうだ。

「僕は体だと思います。まずは体が強いこと。基本的に体のサイズは関係ない。僕は身長が176センチですが、最低僕くらいあれば何とかなると思います」

参考までに紹介すれば、同じ質問に対し、古田は東京中日スポーツのインタビューに「盗塁を刺せることが一番」と答えている。

〈なぜかと言えば、投手に与える影響力がすごく大きい。ランナーを出しても、盗塁を刺してくれる安心感。谷繁は、そこが優れてたから長く現役を続けてきた。技術も伴って経験も豊富になれば、リードに関しても人が聞く耳を持ってくれる。技術が低いのにリードばっかり語る捕手って結構いるんですよ。そっちの方が楽だから…〉

13年シーズンまでの25年間で積み重ねた出場試合数は2900。これは野村克也に次いでキャッチャーとしては史上2位だ。この数字は、谷繁の体がいかに強靭かを物語っている。

骨折で手首が強くなった

スローイングにも定評がある。1996年、2001年、02、04、07年と過去に5度、盗塁阻止率1位に輝いている。

肩はもちろんのこと、谷繁の最大の長所は手首の強さにある。スナップをきかせて矢のようなボールを二塁に送ることができるのだ。

「きっと骨折したことがよかったんでしょう」

谷繁は意外なセリフを口にした。

「小学4年の時、木と木の間にロープを張り、そこを渡る遊びをしていたんです。ところが、何かの拍子に落ちちゃった。落ちて、そのまま地面に手をついてしまったんです。それで、病院に行くと両手首の骨折。しばらくの間、ギプスをはめたまま通学しました。それからなんですよ。人よりも手首が強いと感じるようになったのは……。事実、それ以来、手首も太くなったんです」

骨折が原因で骨が強化されたという話は、これまでにも聞いたことがある。骨折箇所に仮の骨ができ、変形することで結果として太くなるというのだ。〝ケガの功名〟とは、このことか。

捕球後はミットを動かさない

手首の強さは安定したキャッチングにもいかされている。俗にいう「ボールにミットが負けない」のだ。

ピッチャーが一番嫌うのは「ミットの落ちる」キャッチャーだ。ボールの勢いに負け、体に近い位置で捕ろうとするから、必然的に審判にはミットの位置が見辛くなる。見辛いボールを審判は「ストライク」には取らない。

これについての谷繁の見解は、こうだ。

「僕はピッチャーに、どこに投げたのかということを知らせてやりたいし、なおかつ審判によく見てもらうために、なるべく前で捕るようにしています。ボールの軌道がちょっとずれただけでミットが落ちる、あるいはミットが流れる。これはダメです」

では、どうすればキャッチング技術は向上するのか？

「これはもう、数を受けるしかないですね。練習した量、すなわちボールを受けた量に比例すると僕は思います。

バッティングと守備の一番の違いは、後者は練習すればするだけうまくなるところにあります。翻ってバッティングは、パワーのない者にいくら〝もっと飛ばせ！〟と言っても、これは土台、無理な話です。先天的な資質によるところが大きい。でも守備は違います。キャッチングの上達しないキャッチャーは、僕に言わせれば、練習量が少ない。自分の中で〝もう、これでいいや〟と思った段階で成長は止まりますね」

ゴールデングラブ賞6度受賞の谷繁の目に、たとえば同賞3度受賞の巨人・阿部慎之助のキャッチングは、どう映っているのか？

「いや、最近、彼はうまくなりましたよ。昔は〝どうかな？〟と思うこともありましたが……。ただ、彼の場合、まだミットを動かすクセが残っていますね。あれでは審判に、いい印象をもたれない。僕は〝ここに来たよ〟ということを教えるため、捕った時点で、もうミットは動かしません。それにミットを（内に）入れたからといって、ストライクに取ってくれるほど審判も甘くはありませんよ」

プロで25年間にわたってマスクを被り続けているベテランだからこそ、敢えて聞いてみた。

1試合にボール、ストライクの〝誤審〟は、いったい、どれくらいあるのか？

「ウーン、下手な人で5つくらいですね。別にストライクをボールに取られたってだいたい問題ないんです。ただ、〝ここが勝負〟という場合で、それ（誤審）をやられるときついですね。その1球で（カウントが）2－1になるのと1－2になるのとでは大違いですから。

上手な審判は、仮に早い段階でボール半分くらい外れているボールをストライクに取ったとすると、もうその試合は終わりまでストライクに取ってくれるんです。ところが、あまり上手じゃない審判は同じコースなのにボールと言ったりストライクと言ったりする。これが、僕らには一番困るんです。それだったら、もうどっちかに決めてもらった方がいい」

運命を決めた大洋への入団

中国山地の山あいにある広島県比婆《ひば》郡東城町（現・庄原市）で生まれた谷繁は地元の強豪・広島県立広島工高（通称・県工）を受験したが失敗、二次募集で島根県の江の川高（現・石見智翠館《ちすいかん》高）に進んだ。甲子園には2年と3年の夏、2度、出場している。

高校時代から谷繁を知っている野球指導者がいる。元プリンスホテル監督で巨人の編成部長も務めた石山建一だ。

当時の谷繁について、石山は『スポルティーバ』のWeb版でこんな感想を述べている。

〈谷繁との出会いは、彼が島根県・江の川高校（現・石見智翠館）3年生の時、プリンスホテルの練習に参加したことがあったのですが、それが初めてでした。当時の谷繁は強肩強打の捕手として、高校球界でその名を知らない者はいないぐらい有名な選手でした。

それぐらいの選手ですから、私も楽しみにしていたのですが、まず驚かされたのはキャッチングです。ボールの勢いに負けないというか、ミットの中でピタッとボールが収まる。それに際どい球もストライクにすることができる。センスの良さを感じました。本当に高校生かと思うぐらいのキャッチングでしたね。

それに構えです。どっしりしていて、本当に大きく見える。ピッチャーからすれば投げやすいと思いますよ。捕球姿勢もいいですし、捕ってから投げるまでも早い。間違いなく十分プロでやっていけるレベルの選手だと思いました〉（11年12月3日付）

ドラフト前、谷繁の獲得に最も熱心だったのは地元の広島だった。ところがカープは駒澤大の内野手・野村謙二郎（現監督）を1位で指名、谷繁を1位指名したのは大洋（現横浜DeNA）だった。

どんな経緯があったのか。

「13年のキャンプで（カープOBの）大下剛史《つよし》さんに、こう言われました。〝オマエ、よかったなァ。実はワシ（89年からヘッドコーチ）がオマエに代えて謙二郎を指名しようと進言したんだ。もしオマエが広島に入っとったら、これほどの成績は残しとらんぞ。ワシに感謝せい！〟って（笑）」

そして、続けた。

「僕の野球人生を振り返った時、岐路での身の振り方が全てうまくいってるんです。もし広島県工に入っていたら、僕はプロ野球選手になれていなかったかもしれない。広島に入っていたら、大下さんがおっしゃったように、ここまでの成績は残せていなかったかもしれない。あるいはFA権を行使して中日に入っていなかったら……。それを考えると、幸せな野球人生なんでしょうね」

大矢明彦との出会い

大洋では1年目から80試合も1軍の試合に出場した。高校を卒業したばかりのルーキーにしては上々のデビューである。

「まぁ、運がよかったんでしょうね。当時、大洋には若菜嘉晴さんというキャッチャーがいた。ところが若菜さん、僕が入った年の3月にトレードで日本ハムに行ったんです。もうひとり市川和正さんというキャッチャーがいたんですが、レギュラーを獲るほどではなかった。そのおかげで、ちょこちょこマスクを被らせてもらえたんです」

谷繁にとって転機は4年目だった。3年目に82試合に出場し、打率は初めて2割を超えた（2割3分7厘）が、4年目は74試合に減り、打率も1割9分1厘と1割台に逆戻りした。

「もう、まるっきり成績が出なくて。このままだとクビになるだろうな、と覚悟しました」

その年の秋、谷繁は運命的な出会いを果たす。現役時代、ベストナインに2度輝き、78年にはヤクルト初のリーグ優勝、日本一に貢献した大矢明彦がバッテリーコーチに就任したのだ。

大矢は谷繁をどう指導したのか。

「当時、セ・リーグ一のキャッチャーと呼ばれていたのがヤクルトの古田敦也でした。何とか、このクラスまで成長させてやりたいと。

谷繁の課題はリードでした。これを磨くには観察から始めなくてはならない。そう思って、こんなアドバイスをしました。たとえば球場までの車の運転。信号が赤だと、次の信号はどうなるか。また、赤になる確率が高ければ、ひとつ手前で曲がり、赤信号にひっかからないように球場まで行ってみる。どうってことないと思うかもしれませんが、先を読むトレーニングはどこだって、できるんです。ちょっとした工夫で予測能力がどんどん高まっていく。同時に試合の流れも読めるようになっていったんです」

大矢の指導の甲斐あって93年には114試合、94年には129試合に出場してレギュラーの座を確保したのである。

振り返って谷繁は語る。

「自分で考え、研究するようになったのは4年目の途中くらいですかね。それまで僕は短気というか、ちょっとでも自分の思い通りにならなかったら〝うわーっ〟となっていたんですけど、〝キャッチャーの思う通りになるわけないだろう〟と大矢さんに言われました。

大矢さんには〝とにかく我慢しなさい。それがキャッチャーだ〟と教わりました。僕が変わるきっかけになったのは我慢することを覚えてからでしょうね」

大魔神・佐々木の信頼を獲得

1998年、横浜は38年ぶりのリーグ優勝、日本一を達成した。谷繁は自己最多の134

試合に出場し、打率2割5分4厘、14本塁打、55打点の成績を残し、自身初のベストナインに選ばれた。

MVPは1勝1敗45セーブ、防御率0・64という、クローザーとしてはおよそ考えられ得る最高の成績を残した大魔神こと佐々木主浩《かづひろ》だった。

実は谷繁、かつては佐々木の信頼を得られず、試合終盤になるとベンチにひっこめられることがままあった。

ある日、谷繁は意を決して佐々木に訊ねた。

「なんで僕じゃダメなんですか?」

大魔神は顔色ひとつ変えずに答えた。

「オマエよりも秋元(宏作)さんの方がオレは安心して投げられるんだよ」

「じゃあ全部止めれば使ってくれるんですか?」

「そうだ」

それからというもの、谷繁は泥だらけになりながらワンバウンドのボールと格闘し、時間をかけて佐々木の信頼を勝ち取ったのである。

優勝した98年には、1、2球ボールを受けただけで佐々木の調子がわかったという。それについて当時谷繁は、こう語っていた。

「リリーフ投手はマウンドで5球、投球練習をするのですが、佐々木さんは必ずストレート、カーブ、フォーク、ストレート、ストレートの順で投げます。それを見ているだけで、〝今日のバランス〟がわかりますね。

たとえばバランスが悪い時は、足を上げた際、体の軸が後ろ方向に倒れるんです。つまり、体が反ったようなかたちになってしまう。こういう時はストレートも伸びず、フォークもきれいには落ちない。スッポ抜けたりもしますよ。

では、なぜ背中が反るかというと、疲れのため、軸足で粘ることができなくなるからだと思うんです。〝ダメ〟がなくなるとでも言うんでしょうか。こういう時は佐々木さんといえども不安を感じますね。

背中が反っている時には、右手を使って〝体が傾いている〟というジェスチャーをします。それを見たら佐々木さん、すぐに〝わかった〟というような顔をしますよ。(98年は)夏場、ややそういう時期がありましたが、シーズン終盤は、もう全く大丈夫でした。気合いも入っているし、全然、心配ありませんでした」

今は捕手という仕事が面白い

チームを38年ぶりのリーグ優勝、日本一に導いた監督の権藤博は谷繁に全幅の信頼を寄せていた。

「アイツは感性が素晴らしい。先乗りスコアラーがああしろ、こうしろと言ったところで所詮、現場の感性には勝てない」

谷繁には「続きの谷繁」というニックネームがある。多分に権藤の影響を受けていると見るのは私だけか。

権藤と言えば、ダイエーの投手コーチ時代、西武の清原和博に徹底した内角攻めを指示し、清原をして「顔も見たくない」と言わしめたことがある。

なぜ、徹底して内角を突くのか。

権藤は語ったものだ。

「ペナントレースは長い。1年間を通じてバッターが内角を意識してくれればシメたもの。そりゃ、何球も続けていれば狙われることだってありますよ。それでもいいんです。そのうち踏み込めなくなってきますから」

内角攻めはボクシングで言えばボディブローにあたる。単発では効き目が薄い。続けることに意味があるのだ。

自らのリードについて、谷繁はどう考えているのか。

「よく、キャッチャー出身の解説者の方が〝リードは経験がモノを言う〟とおっしゃるんですが、僕はなかなかその域に達しなくて、本当の意味で、これまでの経験が自分の身になったと感じ始めたのは、ここ3～4年くらいですね。

最近はよくも悪くも、試合の潮目のようなものが見える。たとえば2点差で勝っている終盤にピッチャーが代わる時、何か不安な自分がいたりする。指示を出すのはベンチですが、僕は〝このままでもいいかな……〟と思う時がある。そんな時は、打たれることが多い。ベンチに戻って〝やっぱりな〟という感じになるんです。

しかし、こればかりは自分では、どうすることもできない。〝違うよなァ……〟と思いつつも、受け入れるしかない。昔はシーズンのうち、何度か潮目が見える時期があった。1カ月につき1週間とか10日とか……。それが最近はシーズンを通して、そういう感覚を持てるようになってきた。だから今は本当にキャッチャーという仕事が面白いですね」

若い選手はもっと悔しがれ!

谷繁は〝野村超え〟の記録も持っている。入団以来、25年連続でホームランを放っているのだ。野村克也の場合、同じ25年連続でも入団から2年間は1本もホームランを放っていない。谷繁がいかに早くから頭角を現し、地道にコツコツやっているかという証左だろう。

普段は辛口で鳴る野村も、こと谷繁に話が及ぶと頬が緩む。

「彼は横浜と中日で6回も日本シリーズを経験している。キャッチャーの成長は、日本シリーズをどれだけ経験したかで決まるんです」

短期決戦は1球の配球ミスが命取りになる。タイトロープを渡るような戦いを通して、キャッチャーは成長していくというのが野村の持論である。

横浜、中日の主戦捕手としてマスクを被り、リーグ優勝5回、日本一2回。これは知っていたが、12年までの16年間、Bクラスが一度もなかったのだ。豊富な資金力を誇る巨人の主戦捕手・阿部慎之助でもAクラスは7年連続である。

パ・リーグに続いてセ・リーグでもプレーオフ(クライマックスシリーズ)が導入されたのが07年。レギュラーシーズン、クライマックスシリーズ、そして日本シリーズをフルで戦った場合、最大で160試合となる。

キャッチャーはただでさえ激務の上、40歳を超えれば疲労の蓄積は尋常ではあるまい。

「11年の日本シリーズはきつかった。僕はあのシリーズ、全く打てなかった。実は6月の交流戦でヒザを痛めて2カ月休み、8月の終盤からフルに出て逆転優勝を果たしたんです。リーグ優勝を決めた途端に体に力が入らなくなり、そのままクライマックスシリーズに突入した。もう全然、体がいうことをきかなかったですね。

チームのことを考えれば、今のシステムが続くなら別に連続して試合に出る意味ってあるのかな、という思いもあります。あと10年若かったら、そんなこと言わないと思いますけど、この歳だと休みも必要ですよ。特にウチのチームはベテランが多いので、二遊間も、一、三塁もサブ的なレギュラーがいて、順番に休ませながら試合に出した方が結果を残せるのではないか。巨人などは、そういうかたちでやってますよね」

谷繁には大矢がいたように、古田には野村がいたように、あるいは城島健司には若菜がいたように、名を残すキャッチャーには必ず〝育ての親〟がいる。後輩たちには、何を伝えたいのか。

「僕から彼らに、ああしろ、こうしろと言ったことはありません。聞きたいことは積極的に聞きにくるべきです。僕自身、疑問に思ったことをどんどん先輩に聞いてうまくなっていきました。ただ、聞きにくそうにしていれば、気になったところだけ僕から言うことはありますけどね。

ひとつ言えるのは、最近の若い選手の中には負けても悔しがらない者が増えたことですね。勝っても負けても淡々としている。それを見ていて、つい、こっちがイライラする（笑）。やっぱりこの世界、〝やられたらやり返してやる！〟という気持ちがないと生き残れませんよ。一応、僕は昭和の生まれなので、その思いだけは、これからも大事にしていこうと思っています」

東北楽天ゴールデンイーグルス

斎藤 隆

Takashi Saito

緊張、状態の悪さ、
衰えていく
自分の全てを楽しむ。
野球人として
それが一番の贅沢。

斎藤 隆（さいとうたかし）
1970年、宮城県生まれ。
東北福祉大を経て92年、
ドラフト1位で横浜大洋ホエールズ入団。
98年、先発・中継ぎとして
チームの38年ぶりの日本一を支える。
2006年、ロサンゼルス・ドジャース移籍。
その後、ボストン・レッドソックス、
アトランタ・ブレーブス、
ミルウォーキー・ブルワーズ、
アリゾナ・ダイヤモンドバックスを経て
13年より楽天。

●

最多奪三振：1回（96年）
救援最多奪三振：1回（MLB、06年）
月間最優秀救援：1回（MLB、07年）
オールスターゲーム出場：5回（94年、96年、99年、01年、07年〈MLB〉）

球界改革の話に動かされた

2013年、球団創設9年目にして、東北楽天ゴールデンイーグルスが初優勝を果たした。歓喜の輪の中には43歳の斎藤隆もいた。

「この味は一生忘れられない。世界一おいしいビールですよ」

地元・仙台市出身の斎藤にとって、この優勝の味は格別のものがあったようだ。

東北地方が大地震と大津波に襲われた11年3月11日、斎藤はブルワーズがキャンプを張る米・アリゾナ州にいた。テレビには変わり果てた故郷の姿が映し出されていた。しばらくは茫然自失の日々が続いた。

「幸い家族は無事でしたが、父の実家は流されてしまいました。同級生にはもっと大きな被害に遭った者もいました」

それ以前から、楽天には移籍を打診されていた。選手としての力量に加え、日米でのキャリアが評価された。

「日本のプロ野球を改革したい」

フロントからは、こうも言われた。

「野球だけの話でなかったので、それはすごく新鮮に感じられました」

8年ぶりの日本球界復帰。古傷の右ふくらはぎ痛が再発し、キャンプから2軍で調整。ゴールデンウィーク期間中に一度は1軍に昇格したものの、左太ももの故障で2週間後には再び2軍へ。6月に再び1軍に上がり、セットアッパー、クローザーとして30試合に登板した。3勝0敗4セーブ、防御率3・77。田中将大が日本記録となる開幕16連勝を記録した試合では、5番手として9回1死一、二塁からマウンドに上がり、試合の幕を引いた。

マー君はさらに記録を伸ばし、開幕24連勝。前季からの連勝記録は28となり、連続シーズン、開幕、1シーズンと連勝記録3部門でプロ野球日本記録を達成した。

若き日本のエースからアドバイスを求められたことはあるのか。

「アドバイス？　いや全然ないですよ。彼は異次元のピッチャー。僕が教えられることなんて、何もありません」

06年に渡米後7年間にわたってメジャー5球団でプレー、通算21勝15敗84セーブをマークした。地区優勝も2回経験し、ポストシーズンゲームにも4回出場した。メジャーリーグでの実績はダテではない。

相当レベルアップした日本野球

そんな斎藤の目に、8年ぶりの日本球界の姿はどう映っていたのか。

「相当レベルが上がったと思います。バッターについて言えば、以前は四球を狙うだけとか、当てるだけといった選手もいました。しかし、今、そんな選手は、ほとんどいませんね。小柄な選手でも、しっかりと振ってくる。だから、ピッチャーとしては気の休まる暇がありません。

ピッチャーについて言えば、7年前と比べると、明らかに球種が増えました。以前はチェンジアップを投げるピッチャーなんて少なかったのですが、今はかなりのピッチャーが投げています。

メジャーリーグの影響も多少はあるのかもしれません。今の選手は子供の頃から衛星放送とかを見ている。だからカットボールやツーシームといったアメリカで流行したボールに対する違和感が少ないのかもしれない。インターネットなどの普及もあり、いろいろな情報が手に入りますから……」

日米の野球の違いについては、両方を経験した選手がいろいろな角度から語っている。

「最大の違いは？」と聞くと、間髪を容れずに「芝でしょうね」という答えが返ってきた。

「基本的にアメリカのグラウンドは天然芝が中心であるのに対し、日本は人工芝。この違いは野球をする上でも、観戦する上でも決定的です。

別に上からモノを言うつもりはないのですが、アメリカのように天然芝が主流になればファンもボールパーク的な感覚で球場に足を運ぶようになると思うんです。今とは別の楽しみ方ができるようになるのではないか……。

といって、急に変えてしまったら、野球がガラッと変わってしまうでしょうね。一番、影響を受けるのは内野手です。ただ足が速い、守備範囲が広いというだけでは通用しなくなる。天然芝に合わせた守りを覚えなくてはなりません。ヒットの数も、随分変わるでしょうね。ピッチャーも、ゴロを打たせるタイプは大きな影響を受けるでしょう。深い位置に飛ばされたら内野安打になってしまいます。僕のようなフライを打たせるタイプなら、少ない影響で済むでしょうけど……」

30代後半でメジャー挑戦

正直言って、斎藤のここまでのメジャーリーグでの活躍を予想する者は少なかった。第一に年齢の問題である。36歳での渡米は、やや遅すぎるように映った。

第二に彼のスピードボールだ。日本ではたまに150キロを超えるものの、140キロ台後半が相場だった。いくら絶品のスライダーがあるとはいえ、ストレートの速さがこの程度では、メジャーリーグでの活躍は困難なように感じられた。

しかし彼は、負の評価をことごとく覆し、メジャーリーグに大きな足跡を刻んだ。そもそも、日本での安定したポジションを捨ててまで海を渡ろうとした動機は何だったのか。

「年齢的に僕よりひとつ年上の野茂（英雄）さん、長谷川（滋利）さんがメジャーリーグでバリバリ投げているのを見て、自分の中にメジャーリーグへの思いが沸々とわいてきた。たとえ1球で終わってもいいからメジャーリーグで投げたい。納得して野球を終えるためにアメリカに行きたい。そんな気持ちでした」

02年オフにFA権を取得した斎藤はメジャーリーグ入りを模索する。だが、交渉が不調に終わったことを受け、横浜と新たに3年契約を結ぶ。

03年から05年までの3シーズンは背中や股関節の故障などもあり、03年＝6勝7敗、防御率4・18、04年＝2勝5敗、7・71、05年＝3勝4敗、防御率3・82と成績は低調だった。クローザーからスターターへの再転向が斎藤には凶と出た。

「僕の野球人生を考える時、転機になったのは33歳の時（03年オフ）に行った右肩の手術です。クリーニング手術だったのですが、それを機に体のことを考えるようになりました。〝このままではマズイ〟と……。それからトレーナーを探し、トレーニングもイチから変えた。残念ながら日本では、その成果が出なかったのですが、アメリカに行ってから現れるようになってきました」

36歳、しかも直近3年間の成績が低調とあれば、メジャー契約は結べない。代理人からも「メジャー契約は無理だが、それでもアメリカに行くのか？」と念押しされた。

斎藤に異存はなかった。

「世界で一番と言われるリーグに挑戦し、それでダメだったとしても、次の人生をしっかり歩めばいい。それよりも、気持ちの中で〝自分の野球人生を成就させたい〟という思いの方が強かったんです」

06年2月、ドジャースとマイナー契約を結び、スプリングトレーニングに招待選手として参加した。しかしエキシビションゲームでの結果は芳しくなく、3月に3Aラスベガス行きを命じられた。

朗報が届いたのは開幕直後である。クローザーのエリック・ガニエが右ヒジを痛めて故障者リスト入り。手薄になったブルペンのテコ入れのため、斎藤に白羽の矢が立ったのだ。

4月9日、フィリーズ戦でメジャー初登板。18日のカブス戦ではセットアッパーとして2イニングを抑え、本拠地のドジャースタジアムで初勝利を挙げた。

斎藤の勢いは続く。登板8試合まで無失点。6月にはガニエの再度の故障を受け、ついにクローザーの座を射止めた。アメリカンドリームを地で行く活躍ぶりだった。

渡米後に球速アップ

不思議に思ったことがある。日本では最速153キロだったストレートが渡米後は5キロ以上速くなったのだ。そして、ついに07年6月には自己最速の99マイル（159キロ）をマークする。

1キロや2キロならともかく、齢を重ねてから5キロ以上もボールが速くなるなんて聞いたことがなかった。いったい、何が要因だったのか。

「アメリカのマウンドの傾斜のせいだと思います」

予期せぬ答えが返ってきた。日本のマウンドに比べ、アメリカのマウンドの傾斜がきついことは広く知られているが、それがボールのスピードアップと、どう関係があるのか。

「日本のマウンドは比較的、傾斜が緩やかです。こうした形状をいかすため、踏み込んだ時、(右ピッチャーは)左ヒザをグッと前に踏み出すように指導を受けます。実際、その方が〝球持ち〟がよくなるんです。

僕も最初のうちはアメリカで、そういう投げ方をしていた。ところが、ブルペンで投げていても、ボールが上に抜けていくんです。カーブもスッポ抜ける。はじめはボールのせいだと思っていました。〝アメリカのボールは滑る〟と聞いていたものだから、きっとそのせいだろうと。

ところが、他のピッチャーの投げ方を見ていると、どうもボールのせいばかりではない。僕の投げ方に問題があることに気が付いたんです。

わかりやすく言えば、アメリカのピッチャーは踏み出した前の足を突っ張り、その反動を利用してテコの原理でバーンと上から上体を倒すような投げ方をする。また、そうやって投げたボールは速いし、低めにもいくんです。

それを急にやれと言われてもできるものではありません。少なくとも、これまで日本で教わってきた投げ方とは全く逆ですから。日本人は力では外国のピッチャーにかなわない。スピードよりもキレだと。そのためには、できるだけヒザで粘り、球離れを遅くする――。それを日本では嫌というほど叩き込まれました。

しかし、これまでの投げ方では結果が出ない。僕はマイナー契約ですから、常に結果を出さなければ、いつクビになるかわからないんです。それで、思い切って彼らのように頭上からボールを叩きつけるような投げ方をしたんです。早くボールを離すと、それだけバッターはボールを見る時間が長くなる。だけど、もうそんなことは言っていられない。それだけ危機感があったということです。そして、これがはまったんです」

さらに斎藤は続ける。

アメリカ流に従ったのが奏功

「言葉は悪いかもしれませんが、外国のピッチャーは〝投げっ放し〟というタイプが多い。日本でこんな投げ方をしたら、間違いなく叱られます。〝投げ切ったら、すぐにフィニッシュの動作に入れ〟と。

しかし、アメリカの傾斜のきついマウンドでは、そんなこと気にしていられない。勢いのあるボールを投げないと、勝負にならないんです。僕より体の小さいピッチャーでも、上から叩きつけるような投げ方をする。よく観察すると、彼らは足が長い割りには胴が短い。そのため日本人のように体をひねる動作があまり得意ではないんですよね。だけど、それでも速いボールを投げるし、変化球もキレている。それで、僕もアメリカ流に変えたんです。

これは大成功でした。やっていくうちに、どんどんはまっていき、スピードもあれよあれよという間に99マイルまでいった。ただしハムストリング（太ももの裏側）から臀筋にかけての張りは尋常ではありませんでした。

先ほども言ったように、テコの原理を利用して上からバチーンと叩きつけるような投げ方だから、その負担が波となって下半身に押し寄せるんです。実際、僕もそれが原因でハムストリングを痛めたことがあります。

そうしたリスクはありましたが、あそこで思い切って投げ方を変えてよかった。その背景として、僕には失うものがなかった。それがよかったのかもしれない。

それに、もう二度とマイナーには落ちたくないという思いもあった。それくらいメジャーとマイナーでは待遇が違うんです。洗濯物の扱い方からして違う。これはいい経験になりました」

1年目、72試合に登板し、6勝2敗24セーブ、防御率2・07という好成績でチームのポストシーズン進出に貢献した。24セーブはドジャースの新人球団記録だった。

2年目、開幕からクローザーを任された斎藤はメジャーリーグでのキャリアハイを記録する。63試合に登板し、2勝1敗39セーブ、防御率1・40。オールスターゲームにも監督推薦で出場した。

苦い思い出は、シーズンも押し迫った9月18日、ロッキーズ戦でトッド・ヘルトンに浴びたサヨナラ2ランだ。斎藤にとってはシーズン初黒星だった。

この劇的な逆転劇で勢いに乗ったロッキーズは以降、破竹の快進撃を続け、ナショナルリーグを制してワールドシリーズにまでコマを進めた。ロッキーズには現在のチームメイト松井稼頭央がいた。

コックスは監督として別格

当時、ナショナルリーグの最強打者と言えばカージナルスのアルバート・プホルス。05年から09年までの5年間で3度のMVPに輝くほど充実していた。

このプホルスをカモにしたのが斎藤である。いかにして、斎藤はプホルスキラーとなったのか?

「考えられるとしたら、一度、僕のシュートで倒れたことがあるんです。それが彼の中には残像としてあったんじゃないでしょうか。というのも、カーブでダブルプレーに仕留めた時、〝普通だったら、間違いなく打てた〟と珍しく言い訳したんです。その記事を僕は新聞で読んだんですが、僕なりに解釈すればシュートが残像として頭の中にあったから踏み込めなかったと。そう考えると、ちょっと嬉しい気分になりましたね」

3年目の08年は7月に故障者リスト入りしたこともあり、4勝4敗18セーブ、防御率2・49とやや精彩を欠いた。オフにはドジャースを離れ、レッドソックスと1年契約を結んだ。

「ボストンは街自体の球団に対するバックアップがすごかった。夜中だろうが昼間だろうが、空港へ向かうバスは常にパトカーが先導してくれるんです。また免許証の手続きなどに対する配慮も特別なものがありました」

主にセットアッパーとしてレッドソックスで1年間プレーした後はブレーブスへ。ここではチームを14シーズン連続でプレーオフ出場に導き、1995年にはワールドシリーズを制した名将ボビー・コックスとの出会いがあった。

「ボビーは監督としては、ちょっと別格でしたね。感動したのは、選手の悪口を絶対に言わないこと。僕が打たれた時も〝また明日、オマエの力が必要だから、気持ちを切りかえてくれ！〟と、しっかりケアしてくれるんです。

それにブレーブスは名門だけあって、移動の際、常にジャケットをはおっていました。ドジャース、レッドソックス、そしてブレーブス……。メジャーリーグの中でも伝統のある球団でプレーできたことは、僕の財産になっています」

5月30日のパイレーツ戦では日本人メジャー投手として初となる40代での勝ち投手となった。ブレーブスでも56試合に登板し、チームの5年ぶりとなるポストシーズンゲーム進出に貢献した。

大学で投手に転向

ブレーブス退団後はブルワーズ、そしてダイヤモンドバックスへ。ブルワーズではチームの29年ぶりのディビジョンシリーズ突破に貢献するなど、行く先々で球団史に残る仕事をしてみせた。

オールド・ルーキーと揶揄されながらも、メジャーリーグで成功した理由を、斎藤はこう述べる。

「野球を心の底から楽しんでやったということでしょうか。アメリカに行った当初は、クビを覚悟する毎日でした。〝この一球で終わるかもしれない〟〝このマウンドが最後になるかもしれない〟と……。しかし、今にして思えば、逆にそれがよかったと思うんです。将来に対する保障がないから〝まだやりたい〟〝もっと投げたい〟という欲求が、どんどん強くなっていった。

それが僕には楽しかったんですよ。〝まだ自分には可能性が残っている〟〝新しい自分に出会えるかもしれない〟と、常に自分に対して貪欲になることができた。身分が安定していたら、ついぞ、こんな気持ちにはなれなかったでしょう」

斎藤のピッチャーとしてのキャリアは、それ程長くはない。彼は大学（東北福祉大）2年生の途中までは内野手だった。

「忘れもしない大学2年秋の神宮大会出場をかけた試合でのことです」

当時、東北の代表校は北海道の代表校とひとつの出場権を賭けて戦うシステムになっていた。その勝者が北海道・東北代表として神宮大会に出場できるのだ。

監督は今は亡き伊藤義博。東北福祉大を全国区の強豪に育て上げた名将だ。

代打に起用された斎藤は伊藤から、こう告げられる。

「この打席で打てなかったら野手は、もう諦めろ」

結果はダブルプレーだった。斎藤は落ち込んだ。

「もう野球も諦めなくちゃいけないかと思いました……」

実は伊藤は早くから斎藤のピッチャーとしての素質を見抜いていた。偶然、斎藤が遊びでブルペンで投げている姿を見て、「これはピッチャー向きだ」と判断したというのである。

斎藤の2学年上には、後に横浜、メジャーリーグのマリナーズで活躍する〝大魔神〟こと佐々木主浩がいた。

横浜は大洋の時代から東北福祉大には強固なネットワークを持っていた。球団本部長の若生照元が宮城県出身で東北高OBだったからである。

権藤との出会いで開眼

そうした縁もあって、佐々木の後を追うように斎藤も92年、ドラフト1位で大洋に指名され、入団した。「横のカーブ」とも言えるスライダーが斎藤の代名詞だった。

斎藤によれば、メジャーリーグで名だたる強打者を手玉に取ったスライダーは兄から教わったものだった。

「一番大事なことは親指の感覚です。ひねり加減で角度と幅を変える。腕を振れば、シュッと真横に曲がるんです」

このスライダーを武器に2年目から頭角を現した。93年＝8勝（10敗）、94年＝9勝（12敗）、95年＝8勝（9敗）、96年＝10勝（10敗）。97年はヒジの手術でシーズンを棒に振った。

当時の斎藤は勝ち星と同じくらい負けるピッチャーというイメージがあった。チームが弱かったせいもあるが、貯金を残したシーズンはなかった。

本人も不本意だったようだ。

「僕が言うのも何ですが、プロとしてのクオリティーは低かったと思います。まだ勝負の仕方がわからないというか、プロとして生きていく上では何かが足りなかったんだと思います」

モラトリアムの時期を脱することができたのは、ひとりの指導者との出会いがきっかけである。97年、横浜のバッテリーチーフコーチに就任した権藤博だ。

「投手はやるかやられるかだろう。それ以外に何があるんだ⁉」

「困ったら真ん中に投げろ。それで抑えることもあれば打たれることもある。野球なんて、そんなもんだ」

権藤の教えは明快だった。

「権藤さんはボールに“kill or be killed”と書いたんです。要するに〝殺るか殺られるか〟

ということです。97年、僕は出遅れたものだから、僕だけ、そのボールをもらっていなかった。だから監督に〝それ、ください〟と頼んでもらったことを覚えています」

権藤には、こんな持論がある。

「今さらね、教えてうまくなるようなヤツはプロの世界には入ってこない。そもそも何千万円もの契約金をもらってプロに入ってくる選手たちに、やれフォームがどうだこうだと言うのは、彼らに対して失礼ですよ」

2年の経験がアメリカで生きる

98年、コーチから監督に昇格した権藤はチームを38年ぶりのリーグ優勝、日本一に導く。斎藤は先発、リリーフ両面で活躍し、自己最多の13勝（5敗）1セーブを挙げた。

「優勝を決めた阪神戦に先発したのが僕なんです。〝シーズン後半はオマエが先発としてローテーションを支えてきたからオマエが先発だ〟と」

大役を任された斎藤は7回を3失点に抑え、勝ち投手になった。

しかし、スターターとしての完成度で言えば98年より、14勝（3敗）を挙げた99年の方が上だろう。

「あの年はバッターの動きがよく見えました。〝あぁ、打ちにきているな〟と思ったら、ストライクからボールにしたり、逆に〝打ちにきてないな〟と判断した時にはヒュッとストライクを取ったりしていました。これは、それまでにはなかった感覚でした」

2000年を限りに権藤が退団。不動の守護神・佐々木も海を渡った。後任は西武を6度の日本一に導いた森祇晶だった。

森の悩みはクローザーの不在だった。大魔神の抜けた穴を、誰で埋めるか。当時、チームで最も力のあるボールを投げていたのが斎藤だった。

渋る斎藤を、森はこう説得した。

「心中するなら、オマエとだ」

「そこまで言ってくださるのなら……」

01年＝27セーブ、02年＝20セーブ。

セーブのタイトルこそ獲れなかったが、斎藤はクローザーとしての花を後にアメリカで咲かせた。2年間の抑え経験がメジャーリーグで生きたのである。

先発も抑えも中継ぎも、日本のプロ野球もメジャーリーグもマイナーリーグも経験した斎藤は、生まれ故郷の球団に身を置く今、何を思うのか。

「緊張も状態の悪さも、衰えていく自分も、全て楽しむ。野球人として、それが一番の贅沢ではないでしょうか」

枯れたセリフがこれだけ似合うのは、いい年齢の取り方をしている証である。

元広島東洋カープ

大野 豊

Yutaka Ohno

江夏さんの教えはシンプル。
キャッチボールが一番大事で
試合はその延長。
キャッチボールをおろそかに
ものすごく怒られた。

大野 豊（おおのゆたか）
1955年、島根県出身。
77年、広島東洋カープの入団テストを受けて、
ドラフト外入団。
78年、移籍してきた江夏豊の指導を受け、
中継ぎとして開花。
81年には江夏の後を継いで抑えを任される。
その後、先発に回るなどして
計5度のリーグ優勝を経験し、
広島の黄金期に貢献。

●

最優秀防御率：2回（88年、97年）
最優秀救援投手：1回（91年）
沢村賞：1回（88年）
野球殿堂入り（2013年）

元銀行マンが殿堂入り

同学年のスターといえば、ピッチャーでは江川卓、バッターでは掛布雅之だ。

広島で中継ぎからスタートし、クローザー、スターターと大車輪の活躍を演じた大野豊が、2013年1月、彼らより一足早く、野球殿堂入り（プレーヤー表彰）を果たした。

大野は自らが評論家を務める「スポーツニッポン」（13年1月12日付）に、次のような手記を寄せた。

〈こんな日が来るとは夢にも思っていなかった。軟式野球出身の田舎のサラリーマン。広島入団は76年、テスト生だった。エリートでもない私が殿堂入りの栄誉をいただいた。98年9月27日の引退試合で話した「我が選んだ道に悔いはなし」。その言葉があらためて脳裏によぎった。感慨深い〉

通算成績は707試合に登板し、148勝100敗138セーブ、1733奪三振、防御率2・90。過去、100勝100セーブ以上を記録したピッチャーは大野を含めて、江夏豊、山本和行、斉藤明夫、郭源治、佐々岡真司の6人しかいない。

仕事の内容が変われば、ピッチングの中身はもちろん、コンディションの整え方も変わってくる。何度も配置転換を余儀なくされながら、22年間も現役生活を続けられたのは、屈強な体と不屈の精神、さらには明晰な頭脳と卓抜の技術を持ち合わせていたからに他ならない。

22年間の現役生活で大野は最優秀防御率に2回、最優秀救援投手に1回と3度、タイトルを獲得している。テスト生上がりとしては、およそ考えられうる最高のプロ野球人生だったと言っても過言ではあるまい。

しかし、彼のプロ野球人生はどん底からスタートした。入団1年目（1977年）の防御率は135・00。いったいどれだけ打たれれば、こんな防御率になるのだろうか。

「初登板は9月4日の阪神戦。広島市民球場です。掛布からアウトをひとつとっただけで、打者8人に5安打2四球。片岡新之介さんに満塁ホームランを打たれてマウンドを降りました。

この日は、持ち球のカーブが全くストライクゾーンに入らず、打たれたのは全部真っすぐ。1、2、3のリズムで狙い打たれました。気分的には谷底に突き落とされ、そのまま撃沈。帰り際、打撃コーチだった山本一義さんに〝自殺するなよ〟と言われました。冗談半分、本気半分だったと思います。

寮に帰って母に電話したら、〝1回くらいの失敗で諦めたらいかん〟と励まされました。

よくよく考えたら、この年はキャンプ後の入団で練習もできていないし、それ以上に（社会人の）出雲市信用組合での約3年間、まともに野球をやっていないんだから、ある意味、当然だろうと。そう気持ちを切り替えて、やるべきことをやり始めたんです」

軟式野球からプロへ

大野は山陰の出である。島根県出雲市。山陽地方に比べれば野球のレベルは低く、進学した出雲商高も、過去には1度しか甲子園に出場したことがなかった。

「高2の新チームになってエースナンバーをもらったのですが、ノーコン。ストレートでストライクがとれ、カーブが決まれば、ある程度は抑えられたのですが、両方ダメな時は自滅です（苦笑）。

キャッチャーも大変だったと思いますよ。投げてみなければ、どっちが出るかわからないんですから。フィールディングも下手だったから、バントの処理をミスして、よく悪送球していました。負ける時はだいたい、ひとり相撲でしたね」

当時、島根県下では松江商が群を抜いて強かった。後に法大に進む中林千年というサウスポーがおり、出雲商は全く歯が立たなかった。

「練習試合をしたことはありますが、彼は投げなかった。そりゃそうですよ。中林が投げなくても、ウチが勝てるような相手じゃありませんから」

卒業後は、地元の出雲市信用組合へ。社会人野球の三菱重工三原からの誘いはあったが、本人によると「家を出る気がなかった」。プロ野球など夢のまた夢の世界だったのだ。

振り返って大野は語る。

「正直言って野球をやりたい気持ちは多少はありました。しかし、家庭の事情もあり、野球よりも仕事をしなくてはいけなかった。性格的に人前でしゃべれる男じゃないから他の仕事も探しましたが、最終的には信用組合に就職することになったんです」

信用組合には硬式の野球部がなかった。大野は軟式の野球部で楽しみながらプレーしていた。

「軟式って難しいんですよ。硬式のボールは中の芯に糸をグルグル巻きつけているから、力を入れても形状は変わらない。ところが軟式だと、つい力を入れすぎるとボールがへこむんです。だから最初はまともに投げられなかった。キャッチャーミットに届く前にワンバウンドしていたほどです（笑）」

投球に役立った〝札勘〟

いつだったか、広島で大野の後輩にあたる川口和久からおもしろい話を聞いたことがある。「大野さんの七色の変化球は〝札勘〟のおかげだ」という。札勘とは指を巧みに操ってお札を勘定する銀行マン必須のテクニックである。これによって、指先の感覚が磨かれたり、指が柔らかく使えるようになったのでは、と川口は話していた。

そういえば後年、大野が得意にしたパームボールは親指と薬指、小指ではさみ、スルッとボールを抜く、いわゆる脱力系の変化球である。

川口の話は本当なのか。

「それは多少、あると思います（笑）。札勘もピッチングも要領は一緒なんです。まず札勘には縦読みと横読みの２つがある。縦読みは札束を指ではさんで曲げ、親指で滑らせながら読みます。縦読みはゆっくりでも、すぐにできますが、横読みはお札を親指に乗せて、手首を返しながら回して広げて読む。要領が悪いと力ばかり入っちゃう。こうなるとリストが使えない。親指にばかり力が入りすぎると、お札が破けてしまうんです。とはいえ、力が入っていないと、お札がばらけてしまう。どちらもダメなんです。

僕は札勘を覚えるのが遅い方で、周りはどんどんうまくなっていくのに、ひとりだけうまくならない。やっとコツを掴んだのはヒジを固定してから。ヒジを動かさず、6、7分の力で親指でお札を支え、リストを8の字形に回転してお札を送っていく。3年間の銀行業務で覚えたことはほとんど忘れたのですが、これだけは今でもできます。

やっぱり、人間、体で覚えたことは忘れないんでしょうね。この時に苦労して掴んだ力の入れ加減のコツが、その後の野球人生に生きたのかと言われれば、そんな気もしますね」

強気にセ・リーグを希望

縁がないと思っていたプロ野球。銀行員という安定した職業を捨ててまで挑戦しようと思ったきっかけは何だったのか。

「僕の1学年下に青雲光夫というピッチャーがいたんです。彼は（同じ島根の）平田高のエースで、よく投げ合っていた。その彼が阪神にテスト入団したという話を聞き、プロでやってみたいという気持ちが強くなっていきました。

それで、高校時代の監督である谷本武則さんに〝プロでやりたい〟と相談すると、〝南海でもいいか〟と聞かれた。当時、島根県出身のプロ野球選手で、活躍しているのは南海の山内新一さん（邇摩《にま》高）くらいしかいなかったからです。

しかし、僕はナマイキにも〝セ・リーグの方がいい〟と答えてしまった。当時、島根でテレビ放映されているのはセ・リーグの試合しかなかったんです。パ・リーグのチームと聞いてもピンとこなかった」

谷本は法政大のOBだった。そこで法大の後輩にあたる広島の山本一義コーチを紹介された。谷本に段取りをしてもらい、キャンプ中、居残り組が練習していた呉二河球場でテストを受けた。77年2月のことだ。

「テストと言っても居残りの選手と同じメニューをこなし、アップしてキャッチボールをして、ブルペンに入って投球練習をしただけ。50メートル走や遠投もあるだろうと予想していたんですが、何もなかった。最終的には木庭《きにわ》教《さとし》スカウトから合格を言い渡され、支度金1000万円、年俸156万円で契約しました。

なぜ合格したかって？　それはわかりませんが、〝おもしろい左がいるから採ってみよう〟ということだったんじゃないでしょうか。当時、カープは左ピッチャーが不足していましたからね」

憧れの江夏に教えを請う

75年に球団創設26年目にして初のリーグ優勝を果たした広島だが、76年は3位に終わった。左ピッチャーの数が不足し、監督の古葉竹識《こばたけし》は継投に頭を痛めていた。ノーコンながら地肩の強さに木庭は魅力を感じた。

だが、ボールが速いだけのピッチャーなら2軍にも掃いて捨てるほどいた。なぜ彼らが1軍に定着できないのか、大野にはそれが不思議でならなかった。

「やっぱりコントロールなんですよね。小林誠二、堂園喜義《どうぞのきよし》……。彼らはブルペンではものすごいボールを投げる。ところがマウンドではストライクが入らないんです。堂園なんてプレーボールがかかって、いきなり投げたボールがバックネットを直撃したらしい（笑）。あるいはバッターの背中を通したり、頭の付近に行ったり……。

でも、僕も他人のことは言えなかった。ボールの勢いはそこそこあったと思うのですが、どこに行くかわからなかった。プロに入った頃は左肩が下がって右肩が天井を向くようなフォームでしたから。ギッコンバッタンする投げ方なので、リリースポイントが一定しなかったんです」

先述したように1年目の成績は1試合に登板して、アウトをひとつ取っただけ。防御率135・00。途方に暮れていた未完のサウスポーの前に現れたのが、南海から移籍してきた江夏だった。

古葉は江夏に未完の左腕を預けた。

「大野を一人前にしてやってくれ」

江夏は同じ名前（豊）で、母子家庭という境遇も似通っている大野を弟のようにかわいがった。

昔を懐かしむように大野は語る。

「もともと僕は江夏さんのファンでした。社会人時代は江夏さんの阪神時代の背番号〝28〟をつけていたくらいですから。そんな方が間近にいて、僕を見てくれているわけですから、緊張するなという方が無理です。無様なことはできないという思いでいっぱいでした」

キャッチボールの重要性を力説

天井を向くような不安定なフォームを、どう改造すべきか。江夏が大野に説いたのはキャッチボールの重要性だった。要するにピッチングの土台づくりから始めたのである。

「江夏さんは最初、僕のピッチングを見ていて〝こりゃ、どうにもならん〟と思われたみたいですね。ただ、10球のうち1、2球は目を引くボールがある。それをもっと増やすには基礎から叩き直すしかないと。

当時、僕はイチ、ニ、サンという単調なリズムで投げていた。これでは、どんな速いボールを投げても打たれます。大事なのはイチ、ニ～ノとタメをつくること。

江夏さんの教えはシンプルでした。一番大事なのはキャッチボールで、その延長がブルペンであり、また、その延長が試合であるという考え方です。だからキャッチボールをおろそかにすると、ものすごく怒られました。

ある時、たまたまヒジが痛くて、江夏さんとまともにキャッチボールができなかった。痛くてボールがいいところに投げられないんです。すると、〝なんだ、そのキャッチボールは！〟と、ものすごい剣幕で叱られました」

キャッチボールといえども、少しでもバランスやタイミングがズレれば、ボールが引っかかったり、抜けてしまう。どの角度で腕を振るか、どこでボールを離すか。それはキャッチボールでしか掴めないというのが江夏の考えだった。

徹底したマンツーマン指導の甲斐あって、2年目、大野のピッチングは見違えるようによくなった。クローザー江夏にバトンを渡すセットアッパーとして41試合に登板、3勝1敗、防御率3・75という成績を残したのだ。

「この頃の広島は、僕と渡辺弘基さんの2人の左セットアッパーがいて、江夏さんにつなぐ仕事をしていました。セットアッパーと言っても、当時はまだ、そんな気のきいた肩書はなく、先発が崩れれば、早い回から投げることもありました。時には先発ピッチャーがいないからと言って、〝奇襲先発〟なんてのもありましたよ。

クローザーだって、そうですよ。今はどの球団も1イニング限定ですが、昔は7、8回のピンチで登板し、そのまま最後まで投げきっていました。だから今とは比べものにならないくらいイニング数は多いはずです」

江夏のアウトロー投球術

江夏のピッチングといえば、基本はアウトローのストレートである。確率的に右バッターが最もヒットを打ちにくいコースでストライクを稼ぎ、有利なカウントをつくってからボール気味の球で勝負した。その制球力たるや針の穴を通すほどで、キャッチャーが構えたところからミットが動くことはほとんどなかった。

この投球術は大野にも伝授された。

「ある日、江夏さんに、こう聞かれました。〃オマエ、左ピッチャーにとって中心になるボールは何や?〃と。僕はクロスファイヤー気味のボールが得意だったので、〃右バッターのインコースへの真っすぐです〃と答えた。でも、実際には江夏さんの言った通り、アウトローへの真っすぐが正解でした。

これは後になってわかったことですが、アウトコースの低めに真っすぐ落ちるボールを投げ分けることができれば、この世界で長くやれますね。

江夏さんが言うにはインコースのボールは勇気さえあれば投げられる。しかしアウトコースは、きちんとした技術がなければ投げられない。全力で投げる必要はないんです。8分くらいの力であっても、高さとコースさえ間違えなければ、まず打たれることはないと」

アウトローを自らのピッチングの生命線と考えていた江夏は、自分がストライクと確信している球をボールと判定されると烈火のごとく怒った。マウンドからズカズカと降りてきて、「なんで、あれがボールなんだ!?」と審判に抗議した。その姿には若い審判が縮み上がるほどの凄みがあった。

「僕も江夏さん流のボールの出し入れを心がけてはいましたが、それよりもボール球を振らせることに集中しました。だから、キャッチャーには〝ボール球を振らせるようなリードをしてくれ〟と頼んでいましたよ。

とはいえ、アウトコースのコントロールに自信が持てるようになったのは、しばらくたってから。むしろ当時は、変化球でもストライクが取れるようになったことが大きかった。これによってピッチングに幅が出てきた。真っすぐでしかストライクが取れないピッチャーは、どうしてもそれを狙われる。プロのバッターは甘くないですから」

中継ぎ、抑えを経て先発に

80年のオフ、日本シリーズの連覇を置き土産にして江夏は日本ハムに移籍する。江夏の愛弟子である大野には、クローザーという大役が回ってきた。日本一の守護神が抜けた穴は小さくなかった。

「マウンドに上がるのがイヤな時期もありましたよ。抑えに失敗して、〝もう投げるな！〟と観客から言われたこともあります。僕の名前がコールされると、スタンドがざわついたり、ヤジが飛んだりするんですよね。そんな中、マウンドに向かうのは、どれほどツラかったことか……。マウンドに上がりたくないどころか、球場にも行きたくない、人に会いたくないと思ったことさえあります。

でも、プロである以上、結果が出なければヤジられるのは当たり前。早く安心して見てもらえるようなピッチャーになりたいという思いの方が強かったですね」

セットアッパーとクローザーを、それぞれ3シーズン務めた後、大野はスターターに転向する。古葉の指示だった。

84、85年と連続して10勝をあげた大野は87、88年には13勝をあげる。とりわけ88年は防御率1・70で最優秀防御率のタイトルを獲得したほか、完投数（14）、完封数（4）もリーグトップを記録した。先発ピッチャーとして最高の勲章である沢村賞にも輝いた。

リリーフから先発への華麗なる転身。どこに成功の要因があったのか。

「リリーフは1球も失投が許されないので、自信のある限られた球種しか使わなかった。緩いボールも、そんなには使わなかった。自信のないボールや、緩いボールを投げて打たれると悔いが残るので、どうしても全力投球になってしまうんです。

しかし先発となると、そういうボールも織り交ぜる必要がある。遊びと言うと悪く聞こえるかもしれませんが、緩急を使ったピッチングができるようになりました。

これは僕がコーチになって気付いたことですが、〝5、6分の力で投げてみろ！〟と言うと、急にストライクが入らなくなるピッチャーがいるんです。常に全力で投げる練習をしているので、力を抜くことができないんです。力を入れることは簡単だけど、力を抜くことは難しい。特に先発ピッチャーは、このコツがわからないと成功するのは難しいでしょうね」

狭い球場ゆえの投球術

91年、大野は7年の先発生活を経て、再びクローザーに転向する。江夏の後を受けた3年間で、「二度とやりたくない」と思ったプレッシャーのかかる仕事場に、再び戻ってきた理由は何だったのか。

「90年は6勝11敗に終わったんですが、調子が悪くて1イニングがすごく長く感じられた。5回まで投げるのが、ものすごくきつく感じられたので、監督の山本浩二さんに〝もう先発はできない〟と頼んだところ、〝それなら抑えをやってみよう〟と提案されました。

この頃、チームには〝炎のストッパー〟と呼ばれた津田恒実がいた。浩二さんは〝ダブル・ストッパー〟ということで、僕を1イニング限定で使ってくれた。

結局、津田が病に倒れたことで、僕ひとりで抑えをやることになりました。この年は、何か目に見えない力が働いたような気がしましたね。5年ぶりにリーグ優勝を果たし、津田の奮闘に報いることができた。まるで僕の背中に津田がいて、2人で投げているような錯覚にとらわれたものです」

クローザーに再転向した大野は、かつての経験をいかした熟達のピッチングで91、92年と連続してセーブ王に輝く。防御率も1・17、1・98と1点台をキープした。打高投低の時代、しかも狭い広島市民球場を本拠地とするチームにあって、この防御率は驚異的だった。

「逆に言えば、ふくらみの少ない球場で投げることで、若い頃からいろいろなことを学ぶことができた。どうすればバッターのタイミングをはずせるか、詰まらせられるか、ファウルを打たすことができるか……。もし、広い球場でやっていたら、工夫したり、考えたりする習慣が身に付かなかったかもしれませんね」

マメの位置でわかる指先感覚

そのシーズンが抑えであろうが先発であろうが、キャンプ中、必ず行った〝儀式〟がある。これをやり終えなければ安心してシーズンを迎えることができなかったと大野は言う。

「僕はマメができやすい体質でした。キャンプで投げ込むと、必ずマメができて、そこが破れる。痛いけど、我慢して投げていました。2度目のマメができ、皮がむけると、その部分がタコの吸盤のようにへこむ。するとボールがピュッと中指と人差し指に食いつくんです。〝あぁ、これで今年も大丈夫だ〟と。

マメができる位置は、その年によって０・５ミリとか微妙にズレる。マメの位置によって〝あぁ、シュート回転で投げてるな〟とかボールの質がわかるんです。

それくらい指先の感覚は大事にしてきたつもりです。特にストレート系のボールは皮が固まったらビシッと音が鳴るくらいでなきゃいけない。そうじゃなきゃボールにスピンがかからない。最近、シーズン中に〝マメができた〟と言ってくるピッチャーがいるんですが、僕には信じられないですね」

95年、大野は再び先発に転向し、97年には防御率２・８５で２度目の最優秀防御率投手に輝く。しかし、それはロウソクが燃え尽きる前の最後の炎であることを本人は知っていた。

「前年の96年、僕は血栓症の手術を受けていたんです。41歳の時でした。脇に血栓ができていて腕に血液が流れていなかった。痛いし、だるいし、感覚もない。脈も打ってなくて、このまま壊死するんじゃないかと心配になったくらいです。手術をして、やっと手に温かみが戻ってきたんですが、98年の6月に再発した。それからというもの、指先でスピンをかけているつもりのボールが滑るんです。

そんな時に浴びたのが、巨人・高橋由伸のホームラン（同年8月4日）。あれでやめる決心がつきました。というより、やめるきっかけを探していたんでしょうね。

150勝にあと2勝と迫っていたため、三村（敏之）監督からは〝何とか勝たせるから頑張れ〟と現役続行を勧められたのですが〝その2勝のために、チームや他の選手に迷惑はかけられません〟と断りました。やめる時は〝我が選んだ道に悔いはなし〟。本当に、そんな心境でしたね」

テスト生で入団、防御率135・00からスタートし、通算2・90で締めくくったプロ野球人生。その対価としての殿堂入り。双六《すごろく》でいえば最高の上がりである。

元阪神タイガース

遠山奨志

Shoji Toyama

高橋(由)や前田(智)も
いいバッターだが、
やはり一番は松井(秀)。
年々、
怪物度が増していった。

遠山奨志(とおやましょうじ)
1967年、熊本県出身。
86年、ドラフト1位で阪神入団。
91年、高橋慶彦とのトレードで
ロッテ・オリオンズへ移籍。
95年に野手転向。
98年、テスト入団で阪神に復帰。
翌年、ワンポイントリリーフとして
松井秀喜を無安打に抑え込む。
2000年は、右腕の葛西稔とともに
「遠山・葛西スペシャル」と呼ばれた交互の
継投策の一翼を担った。02年引退。

●

カムバック賞(99年)

ゴジラが嫌がった唯一の男

巨人時代の松井秀喜が「顔を見るのも嫌だ」と言ったピッチャーがいる。元阪神のサウスポー遠山奨志だ。

1999年は13打数ノーヒット、2000年は10打数3安打。主に左打者用のワンポイントリリーフとしてマウンドに上がり、松井を封じた。

忘れられないシーンがある。1999年6月13日、甲子園。7回表、3対1と巨人リードの場面でマウンドに立った遠山は2死三塁から代打の石井浩郎《ひろお》を敬遠した。4番の松井にとって、これほど屈辱的なことはあるまい。石井よりも与《くみ》し易いと判断されたのだから……。

このシーンを、遠山はつい昨日のことのように覚えている。

「石井さんが打席に入って、パッとベンチを見たら監督の野村（克也）さんが〝敬遠〟のサインを出した。次は松井でしたから、これは想定内でした。それくらい、当時の僕は松井に強かった。

で、石井さんを歩かせて松井の顔を見たら、怖い、怖い。怖すぎて、僕はまともに彼の顔を見られなかった（笑）。〝何ぃ、オレは4番だぞ〟と顔に書いてありましたよ」

結果は空振り三振。試合は負けたが、松井との対決は遠山に軍配が上がった。

野村が命じた〝左殺し〟

98年、ロッテから古巣の阪神にテストを受けて復帰した遠山は、翌99年、監督に就任した野村に〝左殺し〟の任務を与えられた。

「とにかく、左バッターのインコースに投げて欲しいんや」

野村の注文はそれだけだった。

当時、セ・リーグは、どの球団も左バッターが幅を利かせていた。巨人の松井、高橋由伸、広島の前田智徳、金本知憲《ともあき》、野村謙二郎、横浜の鈴木尚典、中日の立浪和義――。

彼らのバットを封じないことには、勝利はおぼつかない。野村が〝左殺し〟のスペシャリストとして目をつけたのが、スリークォーター、ややサイドハンド気味のフォームから、左バッターの内角にズバズバと切れのいいシュートを投げ込む遠山だった。

指揮官の期待に見事に応えた遠山は、99年＝63試合に登板して2勝1敗1セーブ、防御率2・09、00年＝54試合に登板して2勝0敗3セーブ、防御率2・55と、ワンポイントリリーバーとしては最高の仕事をこなした。

先述したように、とりわけ松井に強く、〝松井キラー〟の異名を恣《ほしいまま》にした。

内角攻めの効果を実感

では、どのようにして、松井を攻めたのか。

「これは、もう徹底してインコースを攻めました。おそらく、松井もそのことはわかっていたと思います。僕がマウンドに立った時点で〝あぁ、これはもうインコース攻めだな〟と。でも、わかっていれば打てるかとなると、話は別。後でビデオを見直すと、結構、甘いところにもボールが行っているんです。内角を意識させることで打てるボールも打てなくなるんです」

遠山によれば、キャッチャーの矢野燿大《あきひろ》と相談して「10球近く、全てインコースばかり攻めた」こともあったという。

さすがに、10球も同じコースを投げ続ければ、目も慣れてくる。その打席はホームランを打たれたが、「得るものは大きかった」と遠山は語る。

「あの時は、僕も矢野もそうですが、〝松井は打席の中で何を考えているのか？〟ということを把握したかったんです。10球近く、インコースに真っすぐとシュートばかり続けて放ったんですが、松井はずっと外のボールを待っていた。

さすがに最後は、内角から中寄りのボールをホームランされましたが、松井の待ち方を知る上では大きな収穫になりました。

そう言えば、金本が広島から阪神に移籍した時、彼は僕にこう言いました。〝遠山さん、僕はインコースのボールを捨てていましたよ。外しか狙っていませんでしたから〟と。アウトコースの〝一本待ち〟だったんですね。

インコースもアウトコースも、両方打てるバッターなんて、そうはいません。特にバッターはインコースを嫌がる傾向にある。これは一時期（ロッテ時代の95〜97年）、僕もバッターをやっていたからわかるんですが、バッターは詰まるのが一番、嫌なんです。

では、どうすればバッターを詰まらせられるか。別に大きく内角に向けて、ボールを曲げる必要なんてないんです。ボール3分の1個分食い込ませるだけで、バッターはものすごく曲がったような錯覚にとらわれる。

これは野村さんから教わったことです。内角といっても、胸元もあれば、肩付近もヒザ元もある。それぞれのコースに、少しだけ食い込ませれば、バッターはなかなか対応できない。目線がついていかないんですよ。それにバッターからすれば、目に近いところ、遠いところでボールの大きさ自体が違って見えるんでしょうね。ひと口にインコースと言っても、いろいろな攻め方ができるんです」

球種が豊富だったわけではない。主なボールはストレートとシュート、そしてスライダー。基本はインコースを厳しく攻め、腰を引かせてからはアウトコースへのスライダー。その逆もあった。いずれにしても生命線はインコースのボール。内角を攻めまくることで、遠山は蘇ったのである。

〝立場〟が自らをつくった

言うは易く、行うは難し――。内角攻めは、そのひと言に尽きる。

内角攻めの重要性を認識していないピッチャーは、ひとりもいないと言っていい。しかし、誰もが簡単にできるわけではない。

自らも生活がかかっているように、バッターにだって生活はある。コントロールミスして死球になり、当たりどころが悪ければ、選手生命を脅かすことだってないとは言えない。コントロールに自信のないピッチャーが内角攻めを躊躇するのは、ある意味、当然のことなのだ。

遠山が左バッターへの内角攻めをためらわなかった理由は2つある。

ひとつは遠山の置かれた立場が、そうさせたと言えるだろう。

「僕はテスト入団した身。左ピッチャーが左バッターを抑えられなかったらクビになってしまう。1軍で生き延びるためには、（左バッターの）インコースを突かざるを得なかったんです」

2つ目は野村のアドバイスだ。遠山の顔を見るなり、こう言った。

「オマエ、給料いくらもろうとる。せいぜい数百万円やろう。松井は億円プレーヤーや。格下が格上にぶつけたところで、どうってことない。松井の給料には（当てられる分も）入っとるんや」

そのひと言が、遠山の気持ちを楽にさせたという。

振り返って、遠山は語る。

「考えてみたら〝せやな〟と。オレはテストで拾われた身。自分の仕事ができんかったらクビになる。松井とは格も立場も違う。いったい、何をビクビクせないかんのや……」

ブルペンでは素晴らしいボールを投げるのに、マウンドに上がった途端、〝ヘビににらまれたカエル〟同然になるサウスポーを何人も知っている。一皮むけるには、何が必要なのか。

自らの経験を踏まえて遠山は言う。

「そんなピッチャーに〝あそこに投げろ〟〝ここに投げろ〟と言ったところで土台、無理な話。〝せやな！〟とピッチャーが素直に納得できるひと言が大切なんです。

これは野村さんも言っていましたが、〝針の穴を通すようなコントロールを持つピッチャーなんて、ひとりもおらん〟と。〝オレが受けた中では、強いて言えば江夏豊ひとりだけや〟と言うんです。

続けて〝アイツは、目をつぶっても、アウトローに投げ込んでくる。そんなコントロールはオマエらには求めん。10球のうち、5球でもキャッチャーが構えているところに投げられるようになったら1軍で使ってやる〟と。

もし、こうした野村さんのアドバイスがなかったら、〝松井キラー〟はもちろん、僕の復活もなかったと思います」

応援団が自宅に押し寄せた

遠山は桑田真澄や清原和博をはじめとする、〝KK世代〟のひとりである。甲子園出場経験のない遠山（熊本・八代一高）を、阪神が1985年のドラフトで1位指名した時には驚いた。清原の、いわゆる〝外れ1位〟だった。

「偉そうに言うわけじゃないけど、九州ではちょっとは名の知られた存在でした。ピッチャーとしては5本の指に入ると。バッティングもトップクラスだと言われていた。しかし、プロに行く気は全くなかった。というより、自信がなかったんです。社会人野球に進んで、都市対抗を目指すつもりでした。

プロのスカウトは11球団ほど来ました。とりわけ熱心だったのが阪神の渡辺省三さんで、〝ウチは清原を獲りに行くけど、獲れなかった場合は1位を考えている〟と。

でも、僕としてはもう社会人入りを決めていたので、〝プロに行く気持ちは半分もありません〟とお断りしたんです。タイガースについても詳しくは知りませんでした」

スカウトの予告通り、阪神は清原の〝外れ1位〟で遠山を指名した。遠山が腰を抜かさんばかりに驚いたのは、その日の夕方である。

「阪神の応援団の方が田舎の自宅にまでやってきて、旗を振りながら六甲おろしを歌い始めたんです。よう田舎の家まで調べたなぁ、いったいどんなチームなんや、とびっくりしましたよ」

徐々に気持ちは阪神に傾き、晴れて入団の運びに。プロ1年目のキャンプは右も左もわからないままにスタートした。

「ちょうど21年ぶりの優勝を果たした翌年だったものだから、マスコミも多くガチャガチャしていました。こっちは、まわりについていくだけで必死でした。

ただ先輩たちは優しかった。まわりは皆、目上の人ばかりなので敬語を使うと〝オマエ、九州出身やろう。なに標準語なんかしゃべっとるんや？〟と逆に気を遣ってもらいました」

当時の阪神は左ピッチャーが不足していた。それもあって開幕早々、「練習に参加しろ」と1軍から声がかかった。

「それまでもファームでは少し投げていたんですけど、まさか1軍から声がかかるとは思ってもみなかった。で、バッティングピッチャーをやると、〝詰まるやないか〟と言ってくれるんです。それから1軍に定着し、もうあっという間の1年でした」

高卒ルーキーながら27試合に登板し、8勝5敗、防御率4・22。巨人にドラフト1位で入団した桑田の勝ち星（2勝）を大きく上回った。

だが遠山によれば、プロ入り初登板も、初勝利も覚えていない、というのだ。

「もう毎日が夢の中にいるようでした。その年は広島が強かったんですが、僕はなぜか広島とは相性がよかった。当時の広島と言えば、山本浩二さんや衣笠祥雄さん。〝あっ、テレビで観たことのある人やなぁ……〟と思いながら、投げていました」

遠山が1年目から1軍で活躍できた理由は、右バッターの内角に鋭く食い込む〝真っスラ〟だった。右バッターの多くが、このボールに詰まらされた。あとの変化球はドロンとした緩いカーブだけだった。

不運の始まり

シーズンが終わるとアメリカのウインターリーグに参加した。初めて投げるアメリカのマウンドで、ふと肩とヒジに違和感を覚えた。これが長いトンネルの入り口だったのである。

帰国後、ピッチングを見ていたコーチの表情が、かすかに曇った。

「真っスラが消えた……」

肩やヒジをかばって投げているうちに、右バッターの内角を鋭くえぐるカット気味のボールが投げられなくなってしまったのだ。

それ以来、鳴かず飛ばず。87年＝0勝3敗、防御率5・96。88年＝2勝9敗、防御率3・84。89年＝2勝1敗、防御率4・45。90年＝0勝0敗、防御率9・00。その年のオフには高橋慶彦とのトレードでロッテに移籍する。

「トレードを告げられたのは、ウインターリーグが終わってアメリカから帰国した直後です。空港に着くなり、ものすごいフラッシュがたかれた。〃誰か有名人でも飛行機に乗っとったんか？〃と振り向くと、僕でした。新聞社のカメラマンだったんです」

ロッテの監督は400勝投手の金田正一。何から何までがワンマンだった。

「最初は先発の予定でした。ところが雨になったことで、金田さんから〃飛べ〃と言われたんです。僕は真顔で聞き直しましたよ。〃いったい、どこに飛べばいいんですか？〃って。すると、ローテーションを1回〃飛ばす〃という意味だったんです。こんなこと阪神では一度もなかったので、もうびっくりしました。結局1年目、先発は2回だけ。後は、ほとんど中継ぎでした」

当時のロッテは川崎球場を本拠地にしていた。5年間、甲子園でプレーしていた遠山は軽いカルチャーショックを受けた。

「最初、ベンチに入った時、〃何人いるかな？〃とお客さんの数を数えたことがあります。大雨の日にはロッカーに水たまりができました。正直言って最初のうちは、〃こんなところで野球をやるのか〃という戸惑いがありました。逆に言えば、それだけ甲子園の環境が恵まれていたということでしょう。

もっとも千葉に移ってからは、そんなこともなくなりました。立派なトレーニング施設ができ、スポーツジムよりも素晴らしい器具が揃った。トレーニングコーチの立花龍司さんの意見を取り入れたんだと思います」

三十路前に野手転向

移籍後4年間、遠山はリリーフとしてチームの支えになったという自負があった。しかし、地味な仕事が年俸に反映されることはなかった。プロの評価は、ある意味、年俸が全てである。どれだけ投げても、年俸が上がらないのであれば、それは〝無駄働き〟ということになる。

遠山は思い切って中西太コーチに気持ちを打ち明けた。

「もう30も手前になったので、勝負したいんです。野手をやらせてもらえませんか。もちろん、(結果が出なかったら)クビは覚悟の上です」

遠山は阪神時代、当時近鉄のコーチだった中西が「遠山はいいバッティングをしている」と褒めていたという話を間接的に耳にしていた。

そうした背景もあって、中西は遠山の申し出を一も二もなく受け入れた。

「やってみろ。オレから上の方に話しておく」

本格的にバッティングに取り組むのは高校以来だが、高校時代は30本を超えるホームランを記録している。退路を断っての挑戦だけに、日々やりがいを感じることができた。

しかし、思ったほどの結果はついてこなかった。打者に転向してからの打撃成績は通算16打数3安打、打率にして1割8分8厘。1軍出場のなかった97年オフにはクビを宣告された。

思わぬ形で再び投手に

阪神のテストは野手で受けた。だが、バッテリーコーチの木戸克彦からは「ウチは野手は要らない」と言われ、その代わりに「ブルペンに入ってくれ」と命じられた。

木戸は外野守備の際の返球の回転を見て、「遠山はピッチャーでやらせてみよう」と判断したようだ。

「3年間、肩を使っていなかったのがよかったのかもしれない。久し振りということもあって、思いっ切り腕が振れました」

野手転向により、肩を休ませていたことが遠山には吉と出た。

実はロッテに移籍し、中継ぎで投げていた際、遠山は腕を下げることで、左バッターを抑えるコツを掴んでいた。

遠山がロッテで投手として最後の年、つまり野手に転向する前年の94年と言えば、オリックスのイチロー（現ヤンキース）が、50年に藤村富美男がマークしたシーズン最多安打記録を44年ぶりに更新し、プロ野球史上初の２００安打（２１０本）を達成したシーズンだ。パ・リーグの左ピッチャーは「いかにしてイチローを封じるか」に腐心していた。

「僕はほとんど、イチローに打たれた記憶はないんです」

そう前置きして、遠山は続けた。

「イチローを抑えようと思えば、やはり腕を下げた方が有利です。腕を下げれば、自然にボールがシュート回転しますから、そう簡単には打てません。

それでもイチローはバットコントロールがいいから、ファウルで逃げるんです。うまくカットするんですね。

その場合にはボールの縫い目から指を外したりしました。そうすると落ち幅が大きくなる。このボールとアウトコースのスライダーを組み合わせて使うことで、目先を変えました。イチロー対策を練る中で、左バッターに対する攻め方が磨かれていったような気がします」

遠山によれば、こうしたイチロー対策が、後々、松井封じに役立ったというのである。ロッテでの4年間の中継ぎ生活は決して無駄ではなかったのだ。

名コンビの真相

遠山を再生させた野村は、右のサイドスロー葛西稔もワンポイントリリーバーとして重用した。左バッターが出れば遠山が登板し、次のバッターが右なら、その時だけ遠山がファーストに回り、葛西がマウンドに上がるのだ。もちろん、その逆もあった。

野村は、これを「遠山・葛西スペシャル」と呼び、勝負どころで、この変則継投を駆使した。2人で一役というわけである。

当の本人は、どうだったか？

「あれは嫌でした」

遠山は、そう言って眉間にシワを寄せた。

「いくらファーストの経験があると言っても、いつボールが飛んでくるのかわからない。ゴロの場合は、ボールが回ってくる。ものすごい緊張感がありました。

その後、またマウンドに上がるとなると、気持ちを切り替えなければならない。そしてもう一回、闘争心に火をつけなければならないんです。

見ている方は簡単に思うかもしれませんが、これは大変な作業でした。たまたま2000年は成功したからよかったのですが、失敗していたらどうなったか……。野村さんも〝1回失敗したら、次はやらなかった〟とおっしゃっていた。本人が内心、一番びくびくしていたんじゃないでしょうか」

最後は松井に攻略された

松井キラーとして名を馳せた遠山だが、最後の対戦は真っすぐを東京ドームのバックスクリーンに運ばれた。天敵を討った松井は翌シーズン、海を渡った。

打たれたものの、遠山は不思議と悔しさを感じなかった。ダイヤモンドを一周する松井の姿が、いつもより大きく感じられた。

「正直言って、もうこれ以上、松井を抑えるのは難しいな、と思っていました。この頃の松井は〝いつでもどうぞ〟という構えで待っていました。

打たれたボールは確かに僕の投げミスですが、技術的には、もう上を行かれていました。99年と00年は、まだインコースのボールをきっちり打ち切る技術がなかった。

しかし、対戦するたびに工夫し、弱点を克服するのが松井のすごいところなんです。同じ巨人の高橋（由）や広島の前田（智）もいいバッターだったけど、やはり一番怖かったのは松井。年々、怪物度が増していきました」

13年5月、松井は師匠の長嶋茂雄とともに国民栄誉賞を受賞した。遠山は心から祝福したい気持ちになったという。

「あのニュースは嬉しかった。あんなすごいバッターと戦うことができただけでも、僕にとっては掛け替えのない財産。

今、僕は解説者の仕事をさせてもらっていますが、大好きな野球に携われるのも、松井との対決があったから。遠山と言えば〝松井キラー〟と多くの人が覚えてくれている。こんなにありがたいことはない。ファンにとっても僕にとっても、松井は偉大な男ですよ」

思えば、遠山ほど起伏に富んだ野球人生を歩んだ選手は、そうはいない。トレードも野手転向もトライアウトも経験した。波瀾万丈を絵に描いたようなキャリアのハイライトが松井との一騎討ちであり、多くのファンが固唾をのんで見守った。

「顔も見たくない」

との松井の言葉は、〝左殺し〟のスペシャリストに向けられた最高の褒め言葉だったに違いない。

埼玉西武ライオンズ
◉監督

伊原春樹

Haruki Ihara

コーチは“いつか監督に”
という志を
持っていなきゃダメ。
それを失わなかったから
私の道が開けた。

伊原春樹(いはらはるき)
1949年、広島県出身。
71年、ドラフト2位で西鉄ライオンズ入団。
76年に読売巨人軍へ移籍し、
78年、クラウンライターライオンズに復帰。
80年引退まで西武ライオンズでプレー。
翌年から99年まで、西武でコーチを歴任し、
黄金時代を支える。
2002年は監督として
西武を4年ぶりの優勝に導く。
14年シーズンから再び西武の監督に就任。

選手に初乗り運賃を訊ねた意味

「西武鉄道の初乗り運賃がいくらか知っているか？」

11年ぶりに埼玉西武ライオンズの指揮を執ることになった伊原春樹は、就任早々、選手たちにこう聞いた。

キョトンとした表情を浮かべ、互いに顔を見合わせる選手たち。無理もない。球場まで電車を使う選手はほとんどいないのだ。

正解は１４０円（２０１４年3月現在）。なぜ伊原は、監督就任の挨拶がわりに、わざわざこんな質問をしたのか？

「お客さんたちの多くは電車に乗って球場にやってくる。電車の運賃を知るということは、第一にお客さんを知ることにつながる。球場に来てくれたお客さんたちにプロとして恥ずかしいプレーは見せられない。そのことを自覚してもらいたかったんです」

続けて伊原はユニホームの着こなしについても言及した。西武の選手のみならず、最近はパンタロンのような裾の広がったズボンを穿いている選手が少なくない。以前から伊原の目には「だらしない格好」として映っていた。

「誰もが言うじゃないですか。〝プロ野球人である前に社会人であれ〟と。ところが最近はアメリカの選手の真似なんでしょうけど、ズボンの裾をダランとさせたままプレーしている選手が多い。

彼らだって高校、大学、社会人ではきちんとした身なりでプレーしていたんですよ。なぜ、プロに入ってからそうなるのか、僕には理解できない。〝何かズボンをダランとさせるメリットがあるのか？〟と聞いたら、誰も答えられない。そりゃ、そうでしょう。意味がないんですから。

プロは100分の1秒を争う世界。特に走塁はそうです。もし、パンタロンのような裾が邪魔になって足がもつれるようなことがあれば、いったいどうファンに説明するつもりなのでしょう。よく〝口元を締めろ〟と言いますが、まずは足元から締めてもらわなくちゃ困ります。そこは徹底してやるつもりです」

伊原は西武の前身である西鉄に1971年に入団、西武のコーチを20年、監督を2年務めた。阪神、巨人でも計5年、コーチを務め、オリックスでは2度目の監督を経験した。

初めて指揮を執った2002年には新人監督最多勝利（90勝49敗1分け）を記録し、いきなり西武を優勝に導いた。

妥協を許さない指導には定評がある。だから、こう言い切ってみせたのだ。

「鬼が帰ってきたと思うくらいでいい。ルールの中での自由はいいが、自由をはき違えている選手もいる。しつけ、教育をする」

80年代から90年代にかけて黄金時代を築き上げた西武だが、この5シーズン、リーグ優勝から遠ざかっている。

再建への決意を、伊原はこう語る。

「西武は創設以来、ずっと〝巨人に追い付け、追い越せ〟でやってきたわけです。Aクラスこそ4年連続だとはいっても、やはりそれだけでは物足りない。巨人のように優勝が義務付けられているチーム、それが西武だという自覚をコーチや選手には持ってもらいたい。もちろん狙うは1年目から優勝です」

黄金時代を裏方として支える

芝浦工大から西鉄に入団した伊原は、西鉄から身売りした太平洋クラブ、巨人、そして太平洋クラブの引き受け先であるクラウン、そのクラウンが売却した西武で9年間にわたってプレーした。

通算成績は450試合に出場して打率2割4分1厘、12本塁打、58打点。凡庸な成績しか残していない。

伊原にとっての転機は巨人からライオンズに戻って3年目、1980年の夏だった。監督の根本陸夫から、こう命じられた。

「伊原、ファームでやってこい！」

「それなら、もう現役を辞めます」

伊原は即座に言い返した。

「30歳にもなって、ベンチや2軍暮らしというのは、あまりにも虚しい」

との思いがあったからだ。

翌年から2軍のコーチ補佐になった。

「現役時代、ベンチに座っていたおかげで野球を勉強することができました」

いつだったか、伊原はそう語ったものだ。

5年後には1軍コーチに引き上げられ、10度のリーグ優勝と6度の日本一に貢献した。西武黄金時代を裏で支えたのが伊原だった。

〝10人目のプレーヤー〟の条件

一躍、伊原に脚光が集まったのが1987年の巨人との日本シリーズだ。西武が3勝2敗と王手をかけて迎えた第6戦である。

8回裏、2対1と西武1点リードで迎えた2死一塁、秋山幸二の打球はセンター前に飛んだ。普通なら一、三塁の場面だ。

ところが一塁ランナーの辻発彦はあろうことかノンストップで三塁ベースを駆け抜け、本塁を奪ってみせたのである。

当事者である辻の話を再掲しよう。

「全力で走りながら（三塁ベースコーチの）伊原さんを見て、ピンとくるものがあったんです。必死に手を回している姿を見て〝これは何かあったに違いない〟と。（ウォーレン・）クロマティが弾いたのか、ショートの川相（昌弘）が変な送球をしたのかはわからないけど、とにかく何かあったんだろうと……。それで全力で三塁を回ったんです」

テレビカメラのレンズはセンター、クロマティの緩慢な返球を映し出していた。このクセを見抜いていた伊原の手腕に評価が集まった。

しかし、事はそう単純ではなかった。もっと言えばクロマティの緩慢返球など、とうにお見通し。伊原が目を凝らしたのはショート川相の顔の動きだった。

果たして川相はランナーに視線を送るのか否か――。川相が辻を無視したことを確認して、伊原は右腕を回したのである。三塁ベースコーチが10人目のプレーヤーとなった瞬間だった。

後日、伊原は私に語った。

「もし川相が一瞬でもサードの方に顔を向けていたら、僕は辻をストップさせていたと思います」

実は伊原は、オープン戦で川相がランナーに注意を払わないクセを見抜き、いつかこのクセを突いてやろうと虎視眈々と狙っていたのである。

では、10人目のプレーヤーに求められる条件とは何か。大仕事の直後のインタビューで伊原はこう語った。

「常に第三者的な冷静な目を持つこと。いつも自分を抑えながら、僕はあの場にいるんです」

そして、続けた。

「外野手の肩に始まり、球場の風、グラウンド状態、点差、次打者、代打要員……三塁ベースコーチが頭に入れておくことを数え上げたらキリがない。むしろ、ここ一番の時に問われるのは勇気と度胸ですよ。

（ランナーが本塁を陥れる確率が）五分五分の時は、勝負させます。僕はランナーを休ませない。走らせておいて、危ない時は急ブレーキをかける。ランナーも〝行けるところまで行かせられる〟と覚悟しているから気を抜けない。これが僕のやり方です」

重盗失敗の責任の所在

走塁のスペシャリストである伊原に是非、聞いてみたいことがあった。13年のWBC準決勝、プエルトリコ戦での例のダブルスチールについてだ。

8回裏、1対3と2点を追う日本は、1死一、二塁の場面でダブルスチールを仕掛けた。しかし、いったんスタートを切りかけた二塁走者の井端弘和が二塁ベースに戻ったため、行き場を失くした一塁走者の内川聖一は二塁ベース手前でタッチアウトになった。

悪いのはスタートを切りかけてやめた井端か、井端の動きを確認していなかった内川か、はたまた指示を徹底できなかったベンチか、専門家の間でも意見が分かれた。

真相は那辺にあるのか？

「もし僕が一塁ベースコーチだったら、一塁ランナーの内川に〝ダブルスチールのサインがベンチから出たけど、絶対に飛び出すなよ。二塁ランナーの井端の動きをずっと見ておけよ〟と注意したと思います。

スタートを切ったのに、途中で走るのをやめた井端が悪いという意見もありますが、それは間違いです。二塁ランナーは〝これは行けない〟と判断したら、止まることもあります。これは責められない。

それくらい二塁ランナーの責任は重大なんです。僕が口を酸っぱくして二塁ランナーに言うのは〝絶対に三塁でアウトになっちゃダメだ。100％の自信ならやめろ、200％なければ走るな〟ということです。つまり（二塁ランナーには）スタートを切る勇気も必要だけど、ストップする勇気も必要だということです」

ここで伊原は一度話を切り、次のようなたとえを紹介した。

「今の評論家の中に走塁のことを本当に理解している者がどれだけいるか……。僕は疑問に思っています。

たとえば無死一、二塁の場面でベンチからバントのサインが出て、空振りしたとしましょう。飛び出した二塁ランナーはアウトです。

こういう場合、大抵の評論家は〝バッターが悪いですね。ストライクを空振りしてはいけませんよ〟などと言います。確かにストライクをバットに当てられなかったバッターにも責任はありますが、こういうことは野球じゃよく起こり得るんです。

僕は空振りしたバッターよりも、飛び出した二塁ランナーの方が悪いと思う。もっと言えば、きちんと教育していなかったコーチに責任がある。

二塁ランナーをバントで三塁に進める場合、打球が転がったのを見てスタートを切るのは野球の鉄則です。先ほども言ったように、プロだからと言ってストライクのボールなら百発百中、バントが成功するわけではない。

先の塁に向けて気持ちがはやる選手に〝しっかり打球を見て走れよ〟と念押しするのがコーチの役割なんです。

話をWBCに戻せば、本当にコーチはランナーにそのことを徹底できていたのかどうか。僕はそこが、あのプレーの全てだと思っています」

野村采配に失望

コーチとして伊原は根本陸夫を皮切りに、広岡達朗、森祇晶、東尾修、野村克也、原辰徳と6人の監督に仕えた。

中にはソリの合わなかった監督もいる。阪神時代の野村だ。2000年、伊原は守備総合・走塁コーチとして契約しながら、野村との確執が原因でわずか1年で退団した。

「阪神のコーチを引き受けるにあたって、野村さんから『森（が監督の時）はどうだった？東尾の時は？』と聞かれたんです。

僕は〝盗塁をはじめ、ほとんどのサインは僕に任されていました〟と答えました。すると野村さんは〝じゃあ、ウチもそれで頼む〟と……。

ところが5月19日の横浜戦の8回表、無死一塁のチャンスでジェイソン・ハートキーという外国人選手を走らせたんです。得点は5対5。ベンチに戻るなり〝何で走らせたんや……〟と叱られましたよ。

こちらはピッチャーのクセを盗んでいるから盗塁のサインを出したのに、後で監督に呼ばれ〝オマエは功名心のためにやっとるんか！〟とこうですからね。

僕はがっかりしましたよ。〝オマエに任せる〟と言った、あの言葉はいったい何だったのかと。同時にアタマにもきました。それから盗塁のサインを出す権利を奪われてしまったんです。

ところが8月になると〝またオマエ、サインを出してみろ〟と、こうですよ。三塁ベースコーチが、いったいどんな気持ちであそこ（コーチャーズボックス）に立っているのか。勝負がかかっている時には、心臓がドックンドックン鳴る音まで聞こえてくるんですよ。〝頼む、頑張ってくれ！〟と、それこそ選手に祈るような気持ちでサインを出すんです。（野村さんは）それをわかっていたのかどうか。サインを出さないでいいのなら、そりゃこっちは楽ですよ。でも、それじゃ、ただの信号機です。安全策ばかりとっていりゃ、確かにミスもないけど、試合には勝てません」

伊原は「コーチは職人であるべき」と考えている。「監督の顔色をうかがうコーチに、ろくなコーチはいない」とも。

「チームの方針を決めるのは、もちろん監督です。その中でコーチは、自分の与えられた仕事を全うする。たとえば守備・走塁コーチなら、選手が上達するため、そしてチームに貢献できるようにするため、その部分だけを集中してやればいいんです。

もちろん監督の狙いや意図を、しっかり受け止め、咀嚼することは大切ですが、監督の顔色ばかりうかがっていたのではいい仕事はできません。この部門では自分が一番だというプライドを持ってもらいたい」

監督の現場介入は禁物

最近は日本もアメリカのようにゼネラル・マネジャー（GM）がコーチを選定する球団が増えてきたものの、まだまだ監督が指名するケースの方が多い。

どちらがいいのかはともかく、「任せる」と言った以上は「信頼してほしい」というのがコーチたちの本音である。しかし、現場では権限を巡ってのトラブルが絶えない。

「これは監督にも問題があるんですよ。たとえばの話ですが、グラウンドで、あるコーチが一生懸命、選手にバッティングを教えていたとしますね。ところが、見ているだけならいいものを、いきなりしゃしゃり出てきて口を出し始める監督がいるんです。コーチや選手に向かって〝おい、こうじゃないか？　それは違うだろう〟とか言いながら。

こんなことをされたらコーチは立場がないし、選手だって〝今までやってきたことは何だったんだ〟となってしまいますよ。一度、疑心暗鬼になったら、関係が元に戻るまでには時間がかかります。最悪の場合、そのままになってしまうこともある。

もっと困るのは、2軍と1軍の連携がとれていないことです。あるバッターが2軍で実績を残して1軍に上がってきた。そのまま使ってやればいいものを、〝オレのバッティングのスタイルにはそぐわない〟と言って、すぐにグチャグチャにし始める人がいる。そのスタイルで結果が出ているから1軍に上がってきたわけでしょう。だったら、しばらくは辛抱してそのまま使ってやればいいんです。ところが先のような理由で、自分のスタイルばかり押し付ける。

挙句の果てに、やっぱり結果が出なかったからと言ってまた2軍落ち。これでは選手も2軍のコーチもモチベーションは上がりませんよ。自分らのやり方をすべて否定されてしまったわけですから。

僕は2軍のコーチも経験しているので、やっと伸びてきた選手が1軍に上がったところを監督にフォームをいじられ、1軍に定着するまで随分、遠回りした選手を何人も知っています。

いや、遠回りしても1軍に定着できたのならまだいいですよ。そのまま消えていった選手もたくさん知っています。

僕の考えを述べれば、任せた以上は監督はデンと構えていればいい。技術的な部分は、それぞれの分野のスペシャリストである担当コーチに任せておけばいいんです。あれもこれも全部、自分がやろうとして口出しするから現場は混乱する。

その際、一番犠牲になるのが若い選手、特にファームの選手です。監督がコロコロ、コーチを替え、それによって指導法も変われば、もう何を信じればいいかわからなくなってしまう。2軍から選手が育ってこない球団を見てください。選手よりも指導者の責任の方が重いと僕は思いますね」

起用した2軍選手が優勝に貢献

2002年、監督就任1年目で優勝を果たした伊原は、苦労人ならではの采配を見せた。犬伏稔昌《いぬぶしとしあき》、宮地克彦という、それまで2軍でくすぶっていた選手を1軍に上げ、時にはレギュラーで起用した。

期待に応えた2人は、ともにそれまでのキャリアハイの成績を記録し、優勝に貢献した。

以下は優勝直後に伊原が語った話。

「まず犬伏ですが、彼には明確な役割を授けました。僕が監督に就任したその年の秋のキャンプで、はっきりこう告げたんです。〝オマエは左（ピッチャー）しか打てないんだから、左だけ打ってくれ。あとはブルペンキャッチャーをやって、他に何もせんでエエ〟と。それで結果を出したら、春のキャンプに連れていくと。

犬伏は僕の期待に見事に応えてくれました。彼には春のキャンプでも、ブルペンでの仕事以外は好きなように打たせました。

スタメンで3番に起用したりしたのは、4回打席に立たせなきゃ、ダメでも本人が納得しないからです。皆さんが思っているほど代打は簡単じゃない。1週間に1回しか打席に立てないのに、それで結果を出せというのは酷な話です。最低でも4回は打席に立たせてやらなければ、使えるか使えないかは判断できない。

もうひとりの宮地は、常にイースタンリーグでは打撃10傑に入っていた選手です。元々、技術的にはしっかりしたものを持っていた。しかし、あまり監督受けする選手ではなかった。ちょこっと起用されて、それで結果が出ないから2軍落ちじゃ、なかなか力を発揮できませんよ。

後はどう使うか。すなわちどんなかたちでチャンスを与えるかだけが問題だったんです。僕の経験上、どんないい選手でも（2軍から）上げたら、すぐに使わないと伸びる時期を失ってしまう。

その代わり、こういう下積みを経験してきた選手は2軍のつらさを知っているから、チャンスさえ与えれば必死でやります。僕も彼の活躍を見て、胸にジーンとくるものがありましたね」

監督を目指さないコーチはダメ

選手時代は下積みが長かった。コーチになってから頭角を現し、その手腕が認められて監督に抜擢された。

監督にネームバリューを求める日本では、伊原のような成功例は珍しい。コーチとして地道な仕事に勤しむ後進たちに、次のようなアドバイスを送る。

「僕はコーチ時代から〝いつかは監督に！〟という志を持っていました。そういう志を失わなかったから監督への道も開けたのだと思っています。

また、そういう気持ちがなければ、監督の気持ちもわからない。口にこそ出しませんでしたが、〝オレだったら、こうやるのになぁ……〟と思うこともしばしばでした。

巨人のヘッドコーチ時代、木村拓也という若いコーチがいました。彼は37歳という若さでくも膜下出血のために他界するのですが、僕と同じ苦労人でした。

彼はよく僕に聞きに来ましたよ。〝伊原さん、こういう時は、どうすればいいんですか？〟と。僕も自分の経験を踏まえて、いろいろなことをアドバイスしました。

中でも、彼に一番強く言ったのは〝コーチである以上、任された仕事をするのはもちろんだが、自分もいつか監督になるぞ、という気持ちを失ったらダメだぞ〟ということでした。残念ながら、彼は夢をかなえる前に旅立ってしまった。将来はいい指導者になると期待していたのですが……」

日課とする目のトレーニング

三塁ベースコーチ時代、伊原には〝日課〟があった。朝、目覚めると目をグルグル動かした後、窓の外の景色を10秒ほど眺め、それから手のシワをひとつひとつ丁寧に数えるのだ。これも約10秒。これを交互に10回ずつ繰り返していた。

的確な判断を下すには、相手ピッチャーや野手のちょっとした仕草から情報を読み取り、瞬時にそれを分析しなければならない。つまり、目こそは名三塁ベースコーチにとって最大の武器だったのだ。

今でも、こうした日課は続けているのか？

「さすがに手のシワまで数えることはしなくなりましたが、目の体操はまだ毎日やっています。毎朝2、3分ですけどね。目をグルグル回し、遠くを見る。少しでも目の衰えをカバーできるようにとね」

今シーズンも混戦が予想されるパ・リーグ。伊原率いる西武の戦いぶりに注目が集まる。

阪神タイガース
◉GM付育成＆打撃コーディネーター

掛布雅之

Masayuki Kakefu

4番はファンの
期待に応えることが第一。
負けても
納得してもらうには
やっぱりホームランです。

掛布雅之（かけふまさゆき）
1955年、新潟県生まれ。
74年、ドラフト6位で阪神入団。
高卒1年目で開幕1軍入りを果たし、
翌年から正三塁手として定着。
79年にはチーム新記録で本塁打王に輝き、
82年、84年にも同タイトルを獲得。
「ミスター・タイガース」の愛称で親しまれる。
85年は、3番バース、
5番岡田彰布とともにクリーンアップを形成し、
リーグ優勝・日本一に貢献。88年引退。
2013年秋より阪神で現職を務める。

●

本塁打王：3回（79年、82年、84年）
打点王：1回（82年）
ベストナイン：7回（76〜79年、81年、82年、85年）
ダイヤモンドグラブ賞：6回（78年、79年、81〜83年、85年）

崖っぷちからの出発

現役時代、〝ミスター・タイガース〟と呼ばれ、甲子園球場で絶大な人気を誇った掛布雅之を「脇役」として取り上げることには少々、ためらいがある。

しかし、テスト生同然のドラフト6位で阪神に入団し、目の前に立ちはだかる壁をひとつひとつ乗り越えてスターの座に就いた彼の野球人生は、出世魚のような物語に彩られている。

脇役から主役へ――。その過程を辿ろう。

1974年春。兵庫県西宮市にある若手選手の合宿所・虎風荘。入寮したばかりの掛布の部屋に、同期入団の中谷賢平が息急き切って駆け込んできた。

「今（合宿所の）洗濯物置場に行ってみたら、オマエのユニホームに31番がついとった。すごいやないか、カケ！　オマエ、球団から期待されとる証拠や」

「ウソだろ!?　オレにそんないい番号をくれるわけないじゃないか」

昔も今もそうだが、ドラフト下位指名の高卒選手の背番号は50番台か60番台が相場である。中谷が驚くのも無理はなかった。

掛布はキツネにつままれたような表情で洗濯物置場に行ってみた。するとハンガーにかけられた背番号31のユニホームが、おだやかな風を受けて小さく揺れていた。

振り返って掛布は語る。

「テスト生同然の高校出の野手が31番でしょう。ただただ信じられない気持ちでした。しばらくして〝掛布の31は長嶋茂雄の3と王貞治の1を足した番号〟と言われ始めましたが、もらった時は全くそんな意識はありませんでした。

むしろ前の年までウィリー・カークランドがつけていたことの方が嬉しかった。カークランドといったら、外国人選手でありながら田淵幸一さんと並ぶタイガースの顔だったわけでしょう。その背番号を僕がつけている。もう、嬉しくって何度も鏡ごしに背番号をのぞいたものですよ」

1年目の年俸は両リーグ最低の84万円。月給に換算すると、わずか7万円。その中から寮費と道具代が天引きされるため、手にする額は5万円を切っていた。

「当時の給料は振り込みではなく手渡しだったため、25日のゲームが終わるとマネジャーの部屋にもらいに行くんです。すると、選手全員の給料が並べて置かれてある。

その中で一番、薄っぺらいのが僕の給料袋。小銭が入っていなかったら風で飛んで行ってしまうんじゃないかと思えるほど頼りない（笑）。でも少ないな、とは思わなかった。むしろ好きな野球でおカネをもらっていいのか、という感覚でした。

で、一番立派なのが田淵さんの給料袋。これは横にしても立っちゃうんです。それをジロッと横目で見ながら〝オレもあんな給料袋を手にする日がくればいいなぁ……〟と漠然と憧れた。もっとも、その頃は目標というより夢の世界でしたけどね」

さらに、掛布は続けた。

「当時、一番憧れたのはトレーナー室でマッサージしてもらうこと。というのも、当時はまだ1軍のレギュラークラスじゃないとトレーナー室に入ってはいけないという〝暗黙の了解〟があったんです。

僕なんか〝すいません、絆創膏ください〟と言ってノックしただけで〝コラッ、何しに来たんや！〟ですからね。まして、〝マッサージしてくれ〟なんて言ったら怒鳴りつけられてしまいますよ。そんな空気があの頃のトレーナー室には漂っていました。

だから〝早くレギュラーになりたい〟という気持ちよりも、〝早くあのトレーナー室でマッサージを受けてみたい〟という気持ちの方が強かった。また、それが一番の励みでした」

クラブの間を振り抜く練習

鉄は熱いうちに打て――。掛布の素質に惚れ込んだのが当時の打撃コーチ山内一弘だった。打撃コーチや監督として6球団を渡り歩いた山内のニックネームは〝かっぱえびせん〟。指導を始めたら、やめられない止まらない――。粘っこい指導法に定評があった。

「山内さんが打撃コーチとして阪神にやってきたのは、僕の2年目です。僕がバットスイングをしている予定の1時間くらい後に必ずゴルフクラブを2本持ってきて、屋上に上がってくるんです。

山内さんはその2本のゴルフクラブを真剣に構え、〝カケ、この間を抜いてみろ〟と。狭い空間を振り抜け、というんです。要するにレベルスイングの大切さを体に覚え込まそうとしていたんです。

この練習がだいたい2時間。その前からの練習も入れたら、もう4時間くらい振りっ放し。練習後にアンダーシャツを絞ったら、雑巾を絞った後の水みたいに汗がザァーッと出てくるんです。

でも、これは役に立ちました。振る力がないと体がギッコンバッタンして、レベルで（ゴルフクラブの間を）抜けないんです。

チームの練習が終わると、今度は室内練習で1箱分のボールを打ち込む。だいたい３００球から４００球。

山内さんは、これを往復で打たせるんです。右で打たせ、次は左で打たせる。手で振っているように見えて、実は下半身が上半身をリードしているんですね。また、そうしなければ、こうした練習には耐えられなかったと思います」

きっかけは左腕のカーブの克服

掛布は順調に成長を遂げた。ホームラン数がはっきりと、それを物語っている。

入団1年目の74年＝３本。２年目の75年＝11本。３年目の76年＝27本。この年は打率３割２分５厘、打点83を記録し、サードのレギュラーの座を掴み取った。

プロ野球の世界において成長とは苦手の克服を意味する。２割４厘でスタートした打率が２割４分６厘、３割２分５厘と一足飛びに伸びたのは、不得手だったサウスポーを克服したからに他ならない。

「高校からプロに入って、一番びっくりしたのは左ピッチャーのカーブでした。大げさじゃなく、一瞬、ボールが視界から消えるんです。つまり想定している所より、さらに高い所から落ちてくるんです。

ボールが消えるわけですから、恐怖心を伴います。ついボールを目で探そうとする。するとアゴが上がる。この段階で、もうバッターの負けです」

サウスポーの中でも、特に掛布が苦手にしたのが巨人の新浦壽夫だった。183センチの長身から、鋭く曲がり落ちるカーブを投じた。落差に加え、ブレーキもあった。

「1回浮き上がってから沈む。ビルの2階というより、3階から落ちてくるような錯覚にとらわれました」

そんなカーブを、どのようにして攻略したのか。

「首を動かしたら負けです。あくまでも自分の視界の幅だけでボールをとらえなくてはならない。

そこで僕が考えたのは、鏡の上に印をつけることです。新浦さんのカーブを想定して、軌道の変わるポイントに印をつけるんです。それを首を動かさずに目だけで追う。

左ピッチャーのボール、特にカーブのような頭の方から曲がり落ちてくる軌道のボールを正確に目でとらえようとすれば、（左打者は）右肩をちょっとオープン気味にしなければならない。その方が視界が広く使えるんです。

で、実際に打ちに行く瞬間、スクエアにする。（前の肩を）閉じておいて開くのはダメですが、その逆は悪くない。この方が打ちやすいんです」

そうはいっても、頭部付近から曲がり落ちてくるボールに対する恐怖心は簡単に拭えるものではない。

相手ベンチからは「頭に行け！」とのヤジが飛んだ。そうやってバッターに恐怖心を植え付けるのだ。

「広島のキャッチャー達川光男なんてマスク越しに〝なぁカケ、申し訳ないけど、左ピッチャーの時は（オマエが）尻餅つくまでインコースを攻めさせてもらうぞ〟なんて、つぶやくんですから。で、本当に尻餅つくと〝悪いなぁ、ベンチに言われてるんだよ〟と、こうですよ。こちらの恐怖心に訴えかけてくる。

でもね、大きな舞台でやっていると、不思議なもので、いつの間にか頭の線が2、3本切れてくるんです。恐怖心がなくなってくる。スタンドの熱気がそうさせるんでしょうね。

そうやっているうちに〝カーブを待っていてストレートをファウルすることはできないものだろうか……〟などと考えるようになる。バッティングの基本はストレートを待って変化球に対応することですが、左ピッチャーに対して最初からカーブを待っていれば絶対に肩は開きませんからね。カーブを待ってストレートをヒットにできれば、もう鬼に金棒です。この技術を身に付けてから、すごくバッティングが楽になりましたね」

大記録達成で手が震える

入団4年目の77年は3割3分1厘、23本塁打、69打点。5年目の78年には3割1分8厘、32本塁打、102打点を記録する。

もうタイトルは手を伸ばせば、すぐのところにあった。3年連続で3割台をマークしたこともあり、大方の評論家は「最初に手にするタイトルは首位打者」と見ていた。

ところが79年、掛布は48本塁打を記録し、ホームラン王に輝くのである。

「正直言って、僕は40という数字は超えられないと思っていました。この小さな体で、しかも左には不利な浜風の吹く甲子園ですから。ところが9月の広島戦で福士明夫さんから左中間に40本目のホームランを打っちゃった。ベンチに戻った時、手と足がブルブル震えていました。怖かったんです。

その時ですよ。初めてホームラン王を意識したのは……。〝どうしよう、これでホームラン王獲れなかったら、かっこわるいな〟って。で、神宮球場での3連戦で4本打った。その時、僕を追っかけていたのが広島の山本浩二さんです。浩二さんは、前年に初めてホームラン王を獲っていた。

僕が神宮で4本打って44本にした時、広島の方から〝もう、浩二は白旗を揚げたよ〟という声が聞こえてきた。その頃ですよ、広島市民球場でバックスクリーンにぶつけるホームランを打った。センターの浩二さんは最初1、2歩前に出てきて、慌ててバックした。自分で言うのも何ですが名手が目測を誤るくらいすごい当たりだったんです。

その翌日です。僕の打球を目の当たりにした衣笠祥雄さんが球場で僕に、こう言いました。〝カケ、すごいホームランだったなぁ。あれで今年はオマエが勝ったと思うぞ〟って。続けて、こうも言いましたよ。〝あの浩二が目測を誤るなんて……。あの打球で浩二はオマエに対する怖さを感じたと思うぞ。頑張ってくれよ〟って。まさか敵の先輩選手に褒められるなんて思ってもみませんでしたよ」

掛布48本に対し、山本42本。最終的には6本もの差をつけての戴冠だった。

最高打率でも批判を浴びた

しかし、好事魔多し——。翌80年4月、掛布は後楽園球場での巨人戦で左ヒザを負傷する。セカンドベースを蹴る際、スパイクが人工芝に引っかかり半月板を損傷したのである。ヒザの故障はスラッガーにとっては致命的だと言われるが、翌81年、掛布は蘇った。キャリアハイとなる打率3割4分1厘をマークしたのである。出塁率4割4分3厘はリーグトップだった。

掛布は語る。

「この年の僕はホームランを捨てていました。長打を打たなくていいと決めると、体の使い方を小さくすればいいわけですから楽なんです。その結果が3割4分1厘。〃あっ、これが自分の一番素直な野球の姿なんじゃないだろうか〃と思いました。

今だから言いますが、この年、首位打者を獲ったのはチームの先輩・藤田平さん。シーズンの半ば、僕は〃首位打者を獲ろうと思えば獲れます〃と言っちゃった。すると藤田さんの顔色がサァーッと変わった。

それを見た打撃コーチの中西太さんが、僕に〃今年は平に（首位打者を）獲らせてやれよ〃と言ったんです。〃いや中西さん、僕が意識しているのは全試合出場だけですから〃と返したんですが、逆に言えば、それくらい調子がよかった。なにしろ、全試合でヒットを意識していたくらいですから。

全試合出場を目指したのは、それまでは一度も全試合に出場したことがなかったからです。小さな体でボールを飛ばそうとすると、どうしても無理をする。試合を休んだことで、マスコミやファンの期待に応えられなかったこともあります。

ならば、自分の姿をマスコミやファンにさらけ出そう。それは全試合に出場することで初めて可能になると判断したんです。

ところが、です。マスコミもファンも僕の最高打率をあまり喜んでくれない。それどころか〃なぜ23本しかホームランを打てなかったのか？〃と責められるありさま。これは予想外の反応でした。

そうか、阪神の4番を任される以上、ファンが期待する野球をやることも必要じゃないかと。もちろんチームの勝利が大前提ではあるんですが、当時の阪神は強くなかった。負け試合でもお客さんに満足してもらうためにはホームランが不可欠なんだという自分なりの結論に達したんです。

事実、ファンの人からは〝今日は負けたけど掛布のホームランが見られてよかった〟という声がたくさん聞こえてきました。チーム事情を考えた時、かつては田淵さんが果たしていた役割を、僕が引き受けざるを得なくなったんです。その意味では田淵さんが79年に西武にトレードされなければ、また僕の野球人生も変わったものになっていたかもしれませんね」

4番の証は四球の数

掛布の野球人生のハイライトは１９８５年である。この年、チームは21年ぶりのリーグ優勝を果たした。日本一は2リーグ分立以降、初めてだった。

優勝の原動力はランディ・バース、掛布、岡田彰布《あきのぶ》のクリーンアップトリオだった。

バース　３割5分、54本塁打、１３４打点

掛布　３割、40本塁打、１０８打点

岡田　３割４分2厘、35本塁打、１０１打点

4月17日、甲子園での巨人・槙原寛己からのバックスクリーン3連発は、今も語り草である。

懐かしそうな口ぶりで、掛布は語る。

「あまり知られていませんが、僕はこの年94四球で、セ・リーグの四球王になっているんです。僕が考えたのは強い4番とは何か。3番のバースに勝負させ、5番の岡田に数多くチャンスを与えるにはどうすればいいか。僕が怖いバッターじゃなければ、ピッチャーはバースとの勝負を避けるでしょう。逆に何でもかんでも手を出しているようなバッターでは岡田の前にチャンスをつくれない。

つまり4番としての強さのシンボルがホームランの数と四球の数だったんです。そして、そのことを誰よりも評価してくれたのが同僚のバースです。だから彼はシーズンが終わって帰国する前、必ず僕のところに来て〝カケ、ありがとう！　オレはオマエがいてくれたから三冠王を獲れたんだ〟と言ってくれました。

優勝した時には監督の吉田義男さんが優勝の要因を聞かれ〝最大の要因はウチには日本一の4番バッターがいることだ〟と言ってくれました。これは嬉しかったですね。あの一言で我慢した甲斐があったと報われた気になりました。

監督が代わってからも、バースは〝来年もカケフの前で打たせてくれ。カケフの前で野球ができるのなら、全部タイトルを獲る自信がある〟と言ったそうです。これは僕に対する最高の褒め言葉だと思いましたね」

初代ミスター・タイガースは〝物干し竿〟と呼ばれる長尺バットで戦前、戦後の阪神で主砲を務めた藤村富美男である。打者における2代目は阪神史上最多の通算320本塁打（西武時代を含めると474本塁打）を放った田淵幸一。そして掛布が3代目である。

「撰ばれてあることの恍惚と不安と二つ我にあり」。これはフランスの詩人ポール・ヴェルレーヌの言葉だが、名門球団の4番には、そこを任された者にしかわからないカタルシスやプレッシャーがあったに違いない。

「仮に2死無走者で（右の）4番が初球をライト前に流し打ったとする。一塁ベース上でコーチとグータッチする者がいると、〝オマエよぉ、それでグータッチはないやろう！〟と言いたくなりますね。いや、初球を打ってライト前ヒットも褒められたものではない。

それだったら、2ストライクにしておいて相手のウイニングショットを狙い打った方がいい。三振したって、ウイニングショットを狙っていることをピッチャーに伝えることでプレッシャーをかけることができるんです。

それに昔の4番は四球が多かった。王さんだって5打席入ったとしても、打数は3か4ですよ。必ず1試合でひとつくらいは四球をとっていた。相手も、それだけ怖かったと思うんです。

ところが今は、ピッチャーとじっくり勝負する4番が少なくなりましたね。これはピッチャーの投げるボールと無関係ではないと思うんです。最近は〝動くボール〟が全盛で、ピッチャーはバットの芯をはずそうとする。

バッターは追い込まれるのが嫌だから、1ストライクを取られただけで2ストライク取られたような気持ちになっているんじゃないでしょうか。もう慌ててしまって、自分の狙っていないボールまで打ちにいっている。

それが証拠に、僕らの頃は1試合あたりに使用するボールの数は70〜80球ですんだところを、今は10ダース必要だというんです。だいたい120球。狙っていないボールにまで手を出すから、どうしてもファウルが多くなってしまうんでしょう。

コーチの指導法を見ていても、最近は〝3回振ってこい!〟というコーチが多いですね。僕は、それじゃダメだと思うんです。特に4番を張るようなバッターは、1球で仕留めなければダメですよ。ファウルは実質的にはバッターの負けなんですから。

だから僕は、練習の時からダイヤモンドの90度の中にボールを運ぶことを意識していました。自分の中で大きめのストライクゾーンをつくり、少々ボール気味の球であっても、90度の中にきっちり打ち返すんです。

もっとも、ピッチャーはそうさせないようにバッターのタイミングを崩しにかかる。僕はそれを想定して崩れたフォームでも90度の中に打球を運ぶ練習をしていました。

しかし今の野球を見ていると、練習の時からヒジを伸ばしてガンガン打っている。ゴルフで言えばドライバーの打ちっ放し。実際、試合になったら、あんなに気持ちよく打つことはできません。窮屈に打つことだってあるんです。ならば、先回りしてそういう練習をやっておいた方がいい。今は練習のための練習のように見受けられることが、しばしばありますね」

ファンの夢を大事にした時代

掛布にはライバルがいた。巨人のエース江川卓である。18・44メートルをはさんでの〝無言の会話〟は巨人ファン、阪神ファンのみならず、多くのプロ野球ファンを魅了した。

15年間のプロ野球生活で349本のホームランを記録した掛布にとって最も印象深いのが79年7月、江川との初対決で放った一発だったという。颯爽と4つのベースを回る間、掛布は一度も江川に目もくれず、また江川もポーカーフェースを崩さなかった。それは2人の意地と矜持を示す象徴的なシーンだった。

「いつだったか江川がすごく面白いことを言ったんです。彼が登板した試合で仮に5対2で巨人が勝ち、その2点が僕の2本のホームランだったとするケース。あるいは巨人が2対5で負け、僕からは4奪三振というケース。〝どっちがいい？〟と聞くと、江川は〝オマエから4三振取れれば、オレは負けても構わない〟って。その話を聞いて〝これがエースの、考え方なんやな〟とちょっと嬉しくなりましたね。

実際、僕らはそういう勝負をしてきた。目の色変えて勝負するから、現役時代〝2人は仲が悪いんじゃないか？〟と言われたこともあります。全くそんなことはないのですが、現役時代、2人で一緒に食事をしたことは一度もありません。

実は一度、会食の話があったのですが、〝でもよォ、ファンが巨人のエースと阪神の4番がメシ食っているところを見たら何と思うかなぁ。やっぱり嫌やと思うぞ〟と言うと、彼も〝そりゃ、そうだな〟と言って納得してくれました。

2人のプライドがそうさせたんです。その後ろには、無数のファンの目があった。しかし最近はどの球団の選手も仲がよすぎますね。少々ヤンチャでもいいから、もっと敵意をむき出しにして欲しい。時代が変わったと言われればそれまでですが、昔の野球のよさまでは崩してもらいたくないという思いがありますね」

2013年の秋季キャンプ、そして14年の春季キャンプでは阪神のGM付育成&打撃コーディネーターとして、若手相手にバッティングの指導を行った。熱心で丁寧な指導は評判もよく、現場復帰への足がかりとの見方もある。

東京ヤクルトスワローズ
◉2軍チーフ打撃コーチ

伊勢孝夫

Takao Ise

選手にどれだけ愛情を
注げるか。これがないと、
1時間ぶっとおしで
投げるなんて
しんどいことはできない。

伊勢孝夫(いせたかお)
1944年、兵庫県出身。
63年、近鉄バファローズ入団。
打撃の勝負強さから、
“伊勢大明神”の愛称で親しまれた。
77年、ヤクルトに移籍し、80年に引退。
その後、日韓5球団でコーチを務め、
ヤクルト時代には野村克也監督の下、
3度のリーグ優勝と2度の日本一に貢献した。
近鉄ではヘッドコーチや編成部長、
巨人ではスコアラーも経験。
2010年にヤクルトの打撃コーチに復帰、
14年より現職。

出戻り岩村の再生を担う

弱小チームだったヤクルトを根底から改革したのは言うまでもなく知将・野村克也である。ID（データ重視）を標榜することで、投げた、打った、走ったという単純な野球からの脱却をはかり、チームを〝考える集団〟に変えた。その果実が１９９０年代からの５度のリーグ優勝と４度の日本一だった。

本章で紹介する伊勢孝夫ヒッティングコーディネーター（２０１４年から2軍チーフ打撃コーチ）は、打撃コーチ時代に野村の薫陶を受けた指導者のひとりである。

13年、ヤクルトの春季キャンプ地である沖縄・浦添市。真っ黒に日焼けした伊勢は、監督の小川淳司から、ひとりのベテラン選手の再生を託されていた。

34歳の岩村明憲である。ヤクルトのユニホームに7年ぶりに袖を通した岩村は、崖っぷちに立たされていた。

メジャーリーガー時代の09年5月、危険なスライディングを受けて左ヒザ前十字靭帯部分断裂という重傷を負った。順風満帆だった彼の野球人生は、この日を境に暗転した。

翌年、アスレチックスを解雇された岩村は11年から東北楽天と2年契約をかわすが、１年目は77試合で打率1割8分3厘、0本塁打、9打点。2年目は、わずか26試合の出場にとどまり、打率2割9厘、1本塁打、5打点と精彩を欠いた。引退説もささやかれた。

13年、岩村は1年契約で古巣に拾われたが、もちろんポジションは約束されていない。悲壮な表情で、本人は「試合に出られるなら内野はどこでもやる」と語っていた。

ヤクルトでは04年に44本塁打をマークし、レイズ時代の08年にはワールドシリーズ出場を果たした岩村は全盛期、攻走守三拍子揃った好選手だった。ところが年々、体重が増加し、ヒザを負傷してからというもの明らかに動きが鈍くなっていた。

5、6年の〝錆〟を落とす

岩村に会うなり、伊勢は言った。

「3日や4日じゃ5、6年の錆は落ちんぞ。キャンプで1カ月、みっちりやる気があるなら、オレについて来い！」

伊勢が最初に取りかかったのは、体の〝錆落とし〟だった。

「楽天時代、岩村は体重が100キロを超えていたらしいんです。まず増え過ぎた体重をしぼらんことには、何をやってもうまくいかないだろうと考えました。

もちろん、本人もそのことは意識していて10キロ以上落として沖縄にやってきましたよ。ヤクルトは練習が終わった後、選手たちが残って室内で9カ所に分かれて打つんです。全体練習が3時過ぎに終わるとして、6時くらいまでの2時間半、ずっと打っている。彼はそういう練習を通じて一流になったバッターなんですよ。

ところがアメリカに行ってから、そういう練習はしてこなかったらしい。楽天でも、やってこなかったと。だから、ふくらはぎを肉離れするなど、十分に働けなかった。要するに楽を覚えたものだから、体に錆がまとわりついていたんですよ」

不振の原因は軸足の〝流れ〟

久しぶりに見る岩村のバッティングは、全盛期には程遠かった。下半身が脆く、特に軸足の〝流れ〟が気になった。

「2月1日、キャンプ初日にバッティングを見ました。彼は左打ちですが、左の軸足が前へズルズル、ズルズル行くんです。要するに下半身がしっかりした状態でボールを掴まえ、腰で回るところまで行っていないんです。どうすれば軸足の流れを止めることができるか。まず、そこから考えました」

手始めに伊勢は岩村のステップの幅を測り、軸足の流れを止めるため、目安としてバッターボックス内に白いテープを貼った。そこから出ないで打たせるようにしたのである。

「だいたい、バット1本分くらいですかね。その幅の中でノーステップで打たせてみたり、ウォーキング・スイングをさせたりと、いろいろ試しました。

ウォーキング・スイングとは打席の後ろから歩きながら入り、（テープの）幅の中でステップしてボールを掴まえる練習のこと。これで軸足に十分、体重を乗せ、タメをつくったままステップし、前の右足に、その力をぶつけることを意識させるんです。

そのためには当然、右足の壁が大事になってくる。踏ん張れなければ前に突っ込んでしまいますからね。だから相当、（右足の）内転筋の部分がこたえたと思いますよ。

ストライドの幅の中で瞬時に体重移動を行い、かつ鋭いスイングでボールを掴まえる。その際、軸足でためた力を、前の足の内側の壁にぶつける。この下半身のパワーがバットに伝わることでボールは飛んでいく。このメカニズムを体が思い出さないことには復活はできない。幸い、岩村はこれを思い出しつつあるようです。現在のところ、再生計画はうまくいっていると言えるでしょう」

岩村が晴れて復活を果たした時、伊勢の手腕に改めて注目が集まるはずである。

ノムさんが舌を巻いた打撃

伊勢の現役時代のニックネームは「伊勢大明神」。もちろん本名に伊勢神宮を引っかけてのものだが、名付け親は知将・三原脩である。伊勢の勝負強さに敬意を表して、そう名付けたのだ。

伊勢は近鉄で14年、ヤクルトで4年、計18年にわたってプレーし、１０４２試合に出場して５７０安打、90本塁打、３１３打点、打率２割４分５厘という通算成績を残した。バッターとしては凡庸である。

だが成績の中身を調べると、随所に大明神らしさが散見される。

たとえば69年、伊勢は16本のホームランを打っているのだが、ヒットは73本。ヒットに占めるホームランの比率は２割１分９厘ときわめて高い。

キャリアハイは71年だ。伊勢は28本のホームランを記録するが、この年のヒットは84本。驚くことに３本のうちの１本がホームランなのだ。同年10月３日の対南海戦では３打席連続ホームランも記録している。３ラン、２ラン、３ランで計８打点。

これだけホームランの固め打ちができたのは、打席に入る前の準備が万全だったからだと思われる。ところが本人は、「野球を本当に教わったのは、ヤクルト時代、野村さんの下でコーチをやってからですよ」とサラッと流す。

伊勢が初めて野村の下で打撃コーチを務めたのは90年だ。ミーティングの席で伊勢の顔を見るなり、野村は選手たちの前でこうボヤいた。

「ここに伊勢というバッティングコーチがおるやろう。ワシにはこいつを抑えた記憶がないんや」

それくらい伊勢は南海戦に強かったのだ。本人の回想。

「忘れもしないのはナンバ（大阪球場）でのデーゲームです。昔はスタメンなんて試合前に教えてくれなかった。それでスコアボードを見たら自分の名前がない。〃あぁ、今日はスタメンやないんや。なら、昼メシでも食おう〃ということで、ベンチ裏でオムライスと肉そばを食べていた。あそこの肉そばがめちゃうまいんです。

そしたら3回の裏くらいですか、いきなり〃ピンチヒッター伊勢！〃と代打が告げられた。こっちは、まだメシを食べている最中で、口の中にはオムライスが入っていた。バットを1回も振らずに打席に入りましたわ。

余程、慌てていたのか、野村さんから〃オマエ、何やってたんだ？〃とマスク越しに聞かれた。〝いやぁ、スタメンじゃないからメシ食ってたら、いきなりピンチヒッターですわ。まだ口の中にメシ入っています〟とありのままに答えた。

ピッチャーは確か右の西岡三四郎です。1球目、甘いボールがきたので、いきなり引っぱたいたら、バックスクリーンに飛び込んだ。ノムさん、ホームベースのところから1歩も動けんかった（笑）。

また、南海戦ではこんなこともありました。3連発を打った明くる日の試合です。日生球場でマッシー（村上雅則）に9回まで1対0に抑えられていた。

その試合は3番が永淵（洋三）さんで、4番が土井（正博）さん、5番が僕。先頭の永淵さんを打ち取った時点でノムさんはピッチャーを西岡に代えた。土井さんはストレートのフォアボールやった。

で、その時も初球ですわ。思いっきり引っぱたくとライトポールのフェンス直撃の逆転サヨナラホームラン。この1発で近鉄の3位が確定したんです。

そんな劇的なことが相次いだものだから、ノムさん、〝オマエを抑えたことがない〟と言ったと思うんです。〝オマエ、どうやって狙い球をしぼってたんや？　みんなに教えてやってくれんか？〟と。

しかし、その頃、僕は狙い球をしぼったことがなかった。それで〝申し訳ないけど、狙って打ったことはないんです〟と正直に話すと〝オマエは天才や〟と言われました（笑）」

伝説の野村ミーティング

コーチといえども、野村の前ではひとりの生徒に過ぎない。今では〝伝説〟と化しているキャンプ中の野村のミーティングとは、どういうものだったのか。

「もう、えらい勉強になりました。あの頃は野村さんも元気だったので、全部、大事なことを白板に書いていたんです。それを僕らがノートに書き写すんですが、片面がいっぱいになったら、裏返して、また書く。説明を聞きながら〝エッ!?〟と驚くことの連続でした。あれだけ、真面目にノートを取ったことなんて学生時代にもなかったですよ」

講義の中身とは？

「たとえばボールカウントについての講義。0－0から3－2まで12種類のカウント別の打者心理と投手心理を全て勉強して、ようやくその日は終わりになるんです。

野村さんには、13年のキャンプでも1時間ほどしゃべってもらいましたが、全て、この時の講義が基本になっていますね」

野球のカウントが0－0から3－2まで12種類あることは、改めて告げられるとハッとする。12種類全てのケースの打者心理、投手心理を具体的、かつ体系立てて説明できるのは、プロ野球界広しといえども野村だけだろう。ある意味、野村の専売特許ということもできる。

野村の著書『弱者の兵法』（アスペクト）からカウント別の対処法を引用する。

〈ボールカウントには〇－〇から三－二まで十二種類あるわけだが、それぞれのカウントになったときの相手バッテリーの心理状態はそれぞれ違う。にもかかわらず、たんに「ストレートが来たら打つ」というのでは、どんなストレートにも手を出してしまう。結果、つり球に引っ掛かったり、むずかしいコースを引っ掛けたりしてしまうのである。

そうならないために考えなければならないのは、「ストライクのストレートだけを狙う」とか「バットのヘッドが下がらないように打つ」といったことだ。「スライダーを待つ」のなら、「外に逃げるスライダーは引っ掛けて内野ゴロになる確率が高いから、内に入ってくるスライダーだけを叩く」というように、狙いを絞ることだ。つまり、二段構えの準備なのである〉

〈たとえば、得点圏にランナーがいるケースでは、二－〇のようなバッター有利のカウントで投げてくるのはほとんどがスライダーで、ストレートはまれ。ところが、ランナーがいな

い状況だと、同じ二－〇でもストレートが多いのである〉

巨人・村田のサインを解読

伊勢が野村から学んだのは観察力と考察力の大切さだ。まずは観察力から見ていこう。キャッチャー出身の野村はバッターの些細な動きも見逃さなかった。それのみならず、相手ベンチやベースコーチ、ランナーの動きにも目を光らせた。

プロ野球は情報戦である。敵方の情報をいち早くキャッチし、解読し、味方に伝達した者が勝者となるのだ。伊勢はこうした情報解析の名人でもある。

「巨人の槙原（寛己）は全盛期、ボールが速く、打つのに苦労したピッチャーでした。しかし、彼にも弱点はあった。視力が弱いからキャッチャーのサインが見えないんです。それで、キャッチャーの村田真一がプロテクターの前で見やすいようにサインを出していました。

それをさらに見ていくと、あることに気が付きました。村田がプロテクターの前で手をクロスさせる、要するにバッテンをつくった後は必ずフォークがくるんです。確信を得た段階でウチの選手に伝えました。〝おい、バッテンが入る時はフォークやぞ。よう見てみぃ〟と。

それで、バッテンのサインが出ると、大声を出した。フォークボールと教える暗号です。

これで槙原を打ち崩したことが何度かありましたね」

これには後日談がある。06年にスコアラーとして伊勢は巨人の一員となるのだが、真っ先にやってきたのが現役を引退し、コーチをしていた村田だったというのだ。

「アイツ、いの一番に飛んできて、僕にこう言うんです。〝伊勢さん、のぞいとったでしょう？　もう時効やから話してくださいよ〟と。要するに、神宮球場でセンターから誰かが双眼鏡で村田のサインをのぞいて、それをバッターに伝えとったんやろうと言いたいわけなんです。

もちろん、そんなことはしていないから〝バカ言うな。オマエの構えや大げさなサインで全部わかっとったわ〟と言い返しましたけどね。そう言えば、あの頃の巨人の選手は皆、センター方向ばかり見とったね（笑）。本当に僕らがサインをのぞいたと思っていたみたいです。

とにかく当時の巨人のキャッチャーのサインはミエミエでね。デーブ大久保（博元）なんてランナー一塁でフルカウントになったら90％真っすぐですわ。肩が弱いから、走られた時に変化球だと二塁で殺す自信がなかったんでしょうね。こんなのデータとっとけば、すぐにわかることですよ」

逆転本塁打を生んだ分析眼

続いて考察力。

「昔、阪神に御子柴進というアンダースローのピッチャーがいました。ヤクルトは彼が苦手で、本当に打てなかったんです。

確か優勝争いをしている時です。試合前、家でゆっくりしていられなくなって早めに神宮球場へ行き、御子柴のデータを引っ張り出してどんな配球をするのか調べてみた。

ひとつだけ〝これだ！〟というのを発見したんです。カーブを見送ってストライクになると、彼は必ず2球続けるんですね、つまり〝カーブ見送りストライク、もう1球カーブ〟という組み合わせなんです。

その試合、チャンスで御子柴が出てきた。ネクストバッターズサークルの広沢克己に〝ヒロ、騙されたと思ってカーブのストライクを見逃せ。必ず、もういっちょカーブがくる。それを狙ってくれ！〟と頼んだ。案の定、カーブがきて逆転3ランですよ。

広沢は御子柴を打ったのは初めてだったようで、ベンチで〝ありがとうございます〟と言って、えらい喜んでいたことを覚えています」

近鉄の打撃兼ヘッドコーチ時代にも忘れられない思い出がある。01年、いてまえ打線を売りにチームは優勝を果たした。優勝を決めた同年9月26日の北川博敏の劇的な代打逆転サヨナラ満塁ホームランには、次のような背景があったのだ。

「あの時のファーストベースコーチは正田耕三。彼は僕の弟子なんです。その正田が〝伊勢さん、キャッチャーのサインでフォークがわかるんです〟と言う。

問題は、それをどう伝えるか。それで僕は〝フォークやったらバッターの方を向こう。他のボールやったら背中向けるか横向くかにしよう〟と提案したんです。

ホームランを打つ前、北川は正田の格好を見ているはずですよ。正田はずっと北川の方を向いとったから、打ったのは沈むボールやったと思います。こういう難しいボールを打とうと思ったら技術だけでは対応できない。コーチの手助けが必要な部分もありますね」

中西太理論を継承

伊勢には、野村の他に、もうひとり師匠がいる。ヤクルト時代に師事した中西太である。

「頭の部分は野村さんから、技術の部分は中西さんから教わった」と伊勢は言い、こう続ける。

「中西さんが言うには〝体が動かなくなったらコーチはやめなさい。しかし体が動き、必要とされているうちは続けなさい〟と。僕は今でも、この言葉を肝に銘じています。だから先に述べた岩村にしても、1時間、彼の練習に付き合ってボールを投げるだけの体力があるから、まだ大丈夫やと思っているんです」

若松勉、掛布雅之、石井浩郎、ラルフ・ブライアント、そして岩村明憲ら名だたる強打者を育て上げた中西は、打撃コーチ時代、よく選手に相撲の四股を踏ませていた。打撃に最も必要な筋肉といわれる内転筋を鍛えるためだ。

「打つ際のバランスは後ろの足が60％で前の足が40％。軸足にためたエネルギーを前へ移動させるためには、うまく内転筋の力を利用しなければならない」

中西は、そう考えていたのだ。

「要するに時計のネジをまくのと同じ要領なんです。軸足の付け根の部分にエネルギーをためるため、ギュッギュッとネジをまく。そしてテイクバックする。

それによって軸足の付け根にため込んだエネルギーを、前の足の着地と同時に爆発させる。これができていたから身長173センチ、体重75キロの小柄な私でもボールを遠くへ飛ばすことができたんです」

「重要なのはヒザ。軸足の付け根をゼンマイだと考え、そこにためた力をうまく下半身全体に伝えること。左右の腰の部分、両ヒザ、そして両足首。上下のバランスがうまくとれていないと、せっかく軸足の付け根に蓄えたエネルギーが逃げていってしまうんです。

とりわけ前のヒザは重要で、ここが開いてしまうと蓄えたエネルギーを一瞬で爆発させることができない。これは全てのスポーツの基本でしょう」

こうした中西理論を受け継いだ伊勢の弟子には、池山隆寛や古田敦也らがいる。ヤクルトの黄金時代を支えた生え抜き選手だ。

「まず池山ですが、彼は脆かった。練習すると、すぐにへばっていましたから。四股を踏んだり、腰関節を鍛えたりといったトレーニングを随分やらせましたよ。

古田もプロに入った時は、よくて2割5分の打者だと思いました。野村さんに〝どれくらい打てるか?〟と聞かれたので、はっきりそう答えましたよ。

注意したのは前の足のヒザですね。ステップした時に割れるんです。もっとしっかり踏ん張れと。それができるようになってから、率もどんどん上がっていきました」

選手を育てるにあたり、コーチとして一番、大切なことは何か。

最後の質問に名伯楽は、こう答えた。

「ウ〜ン、やっぱり愛情でしょうね。選手にどれだけの愛情を注げるか。これがないと、1時間ぶっとおしで投げ続けるなんて、そんなしんどいことはとてもできませんよ」

【スタッフ編】

元読売巨人軍
◉打撃投手

北野明仁

Akihito Kitano

投げ終わった時に
「ありがとう」
と言ってもらえる。
その一言で僕たちは
報われるんです。

北野明仁（きたのあきひと）
1961年、京都府生まれ。
79年、ドラフト外で巨人入団。
81年まで投手を務め、
翌82年に内野手に転向するも同年引退。
1軍での公式戦出場はなし。
引退後はサブマネジャーを経て、
84年から巨人の打撃投手。
2011年、右腕の「尺骨神経麻痺」のため退団。

松井の志願に応える

巨人で27年間にわたってバッティングピッチャーを務めた北野明仁は〝松井秀喜の恋人〟と呼ばれた。オフ・シーズンは松井専任バッティングピッチャーとしてマウンドに立っていたからだ。

北野が松井の〝恋人〟となったのは1995年のオフだ。その年の11月、巨人は熱海の後楽園ホテルで納会を行っていた。

「このオフから練習をやりたいので12月、1月も投げてもらえますか?」

北野に向かって松井はそう告げた。

「あぁ、喜んでやるよ。そのかわり、中途半端なやり方なら、その時点でオレは辞めるよ」

北野は即答した。

この関係は、松井がニューヨーク・ヤンキースと契約し、海を渡るまで8年間も続いた。

なぜ、松井は北野を口説いたのか。

振り返って北野は語る。

「95年のオフといったら、松井が入団して3年目のシーズンが終わった時です。次の年から、彼は巨人の4番を任されることになっていた。おそらく彼の中に〝このままじゃいけない〟という気持ちがあったと思うんです」

入団以来、3年間の松井の打撃成績はこうだ。

93年　57試合　打率2割2分3厘、11本塁打、27打点
94年　130試合　打率2割9分4厘、20本塁打、66打点
95年　131試合　打率2割8分3厘、22本塁打、80打点

打率を除くと〝右肩上がり〟で推移していたものの、4番は荷が重いと思われるような成績だった。それだけに松井には期するものがあったのかもしれない。

マウンドに立った北野に松井はひとつのことを要求した。

「インサイドしか投げないでください。ヒザ元のちょっと高め。アウトコースのボールは打ちませんから」

その頃、松井は内角球を苦手にしていた。ルーキーイヤーのオープン戦で、ヤクルトのサウスポー石井一久から大きく曲がり落ちるカーブを投げられた。

左バッターの松井にすれば、自らの頭部付近への軌道に映る。逃げようとして腰を引くと、そのカーブはあろうことか外角に決まった。

「高校時代、あんなボールは見たことがない……」

松井にはトラウマが残った。弱点を発見すれば、そこを徹底して突いてくるのがプロの流儀だ。それこそ傷口に塩でもすり込むように、セ・リーグのピッチャーはこれでもかと言わんばかりに松井の内角を攻めた。腰を引かせて、最後はアウトローへ——。

「松井を打ち取るのは簡単。インハイからアウトロー。つまり対角線を攻めれば、まず打たれることはない。気を付けるのは失投だけ」

あるエース級ピッチャーは自信に満ちた表情で、そう語っていた。

内角克服のトレーニング

内角攻めを克服しない限り、巨人の4番にはなれない——。そんな危機感を松井は持っていたのだ。

北野の読みはこうだ。

「インコースのボールに対応するには、どんなスイングをすればいいのか、バットの軌道はどうか。松井はそれを確かめたかったんじゃないでしょうか」

年が明けて翌年の宮崎キャンプ。バッターボックスで通常よりもスパイク半歩分ほどホームベース寄りに立つ松井の姿があった。

これなら真ん中付近のボールをインコースのボールに見立てて練習することができる。この練習の意図を、北野はこう説明する。

「ホームベースに半歩近づいて立ったのはオフにやった僕とのトレーニングが、どれくらい実を結んでいるかを確認する意図もあったと思うんです。ホームベースの近くに立てば、当然、打ち方は窮屈になる。でも、それが松井の狙いでした。わざと窮屈なかたちで打つことで、バットをコンパクトに、そして最短距離で振り抜けるか。それを試したかったのでしょう」

こうしたトレーニングの甲斐あって、入団4年目の96年、松井は初めて打率を3割台（3割1分4厘）に乗せるとともに38本塁打、99打点を記録した。いずれも、それまでのキャリアハイだった。

吉村禎章の姿と重なった

松井は92年のドラフトで巨人から1位指名を受け、翌年、入団した。高校通算60本塁打のパワーは折り紙付きで、キャンプのフリーバッティングでは、いきなり〝柵越え〟を連発した。

「うわぁ、ウワサ通りのすごいバッターだなぁ……」

初めて目にする松井のバッティングの印象は強烈だった。北野は、つい見とれてしまった。

「とても高校から入ったばかりのバッターとは思えなかった。とにかく飛距離がすごかった。〝いったい、どこまで飛ばせば気が済むんだ〟という感じでした。松井の打球に備えて宮崎市営球場のライト側のネットを高くしたくらいですから。

松井のフリーバッティングを見ていて思い出したのが、僕より3年後輩の吉村禎章です。PL学園から入ったばかりの頃の吉村もすごかった。2人の姿が重なりました。ただ〝きれいか汚いか〟で表現するなら、吉村がきれいだったのに対し、松井は汚かった。まだ力任せにバットを振っているという印象でした」

松井に英才教育を施したのが、監督の長嶋茂雄である。〝4番1000日構想〟というコンセプトの下、付きっきりで松井の指導にあたった。4年目のシーズンから4番を任せるという計画である。

東京ドームの一角にある通称スイングルーム。試合前、この小さなスペースに長嶋は松井とともによくこもった。

素振りの音で判断した長嶋

ある時、北野は何気なしにこの部屋の扉をノックした。ドアを開けたのはマネジャーの所憲佐だった。ピリッとした空気が北野の頬を刺した。

「まぁ、いいから入ってこい！」

恐る恐る足を踏み入れると、長嶋が険しい表情で仁王立ちしていた。

「今日はオマエも見て行け！」

ウワサは本当だった。時として試合前、長嶋が松井に個人指導を行っているという噂は聞いていた。しかし〝部内者〟の北野でも、実際に目にしたことはなかった。

いったい、どんな秘密練習が行われているのか。北野は興味津々だった。

「最初、長嶋さんはノックバットで打つポイントを示すんです。〝アウトコース高め〟〝インコース低め〟といった具合に。そうしているうちに長嶋さんは全然、違う方向を向く。そして、同じようにこう言うんです。〝アウトコース高め〟〝インコース低め〟って。松井は長嶋さんの指示に従ってバットを振る。

要するに長嶋さんは耳を澄ましてスイングの音を聞いていたんです。その音だけを頼りに

〝今のはダメ。バットが下から出ている〟〝バットが波打っている〟と指摘する。これには驚きました。実際、その指摘通りなんです。

長嶋さんにすれば、目でスイングを確認すると、いろいろなところを注意したくなる。だから敢えて違う方向を向き、音だけでバッティングの状態を確認しようとしていたんじゃないでしょうか……」

ちなみに、いいスイングは〝ブッ〟とか〝ブンッ〟という音がするそうだ。瞬時にバットが空気を切り裂く音だ。ところが調子を崩している時のスイングは〝ブワーン〟と空気がたわむような音を発する。北野によれば「バットが遠回りしている証拠」なのだという。

実は音に関する話は、私も松井から直接、聞いたことがある。それについて、本人はこう語っていた。

「長嶋さんが言うには高くて鋭い音がいいと。〝ヒュッ〟と空気を切り裂くような音が一番いいと言うんです。逆に悪い時は〝ボワッ〟という音がすると。おそらくスイングが鈍いため空気が乱れてしまうんでしょう。確かに音が（部屋に）広がっていく時は、試合ではあまりいい結果が出なかったことの方が多いですね」

こう書くと、何やら荘厳な儀式をイメージしがちだが、この時、松井はクスッとさせるようなエピソードも披露してくれた。

「遠征先で監督の部屋に呼ばれて素振りをしていた時のことです。途中で〝よーし、1分休憩〟となった。その間に呼吸を整えようとすると、〝よーし打ってみよう!〟と。まだ10秒も経っていないんですよ。こっちは息をゼェゼェさせているのにお構いなし。〝おいおい、どこが1分やねん〟と思わず突っ込みを入れそうになりましたよ」

ボールひとつ分外した特訓

北野がバッティングピッチャーとして最後に松井に相対したのは、松井が海を渡る前の2002年のオフである。メジャーリーグは日本のプロ野球に比べて、ストライクゾーンがボールひとつ分アウトコース寄りで、しかも低い。それを想定した練習だった。

北野は語る。

「最後の練習は実際にメジャーリーグの使用球でやりました。松井の要望もあり、打つ打たないは別にして、ストライクゾーンからボールひとつ分、いやふたつ分は外に投げました。松井は、まず目を慣らしたかったのでしょう。

僕は1球投げるたびに松井に聞きました。〝今のでボール1個分は外れているけど、メジャーだとストライクにとられるぞ。どう見える？〟〝うわぁ、遠く感じるなぁ……〟。そんなやりとりでした」

海を渡ってからも、松井の状態は常に気になっていた。松井の好不調は「構えに入るまでの動作」を見れば、すぐにわかった。これは日本にいる頃から変わってはいなかった。

「彼は1、2、3というタイミングで構えるんですが、調子のいい時は、これがスッと決まる。ところが調子が悪くなると、なかなかおさまらないんです。グリップの位置をどこにどういうふうに持っていくのかで迷っているんでしょう。構え終えるまでの時間が異常に長くなる。こういう時はあまり結果が出ない。これは向こうに行ってからも同じでしたね」

恋人と呼ばれた男ならではの着眼点だった。

江川と落合の衝撃

北野は79年、京都・宇治高からピッチャーとして巨人にドラフト外で入団した。甲子園出場経験こそなかったが、巨人は早くから北野をマークしていた。前年の秋、〝空白の一日〟を利用して江川卓と契約した巨人は、連盟からそれを無効とされると、意趣返しでドラフトをボイコットした。必然的に入団する選手は全員がドラフト外となった。

同期には、江川の他にその後リリーバーとして名を残す鹿取義隆らがいた。

宮崎キャンプ。初めて入ったブルペンで北野はショックを受ける。それまでやっていた野球とは、あまりにもレベルがかけ離れていた。

「もう、見ているだけで感動的でした。誰も彼もボールは速いし、変化球は切れる。しかもキャッチャーが構えたところに全てボールがおさまる。こんなところでやっていけるのか、と不安になりました。

特にすごかったのが江川さん。ブランクがあったはずなのに、ストレートを投げると、スッとホップするんです。ボールがおさまるとキャッチャーミットが上に浮く。ボールがミットを突き上げるんでしょうね。世の中にこんなボールがあるのかとびっくりしましたよ」

当時の巨人の1軍先発ローテーションはルーキーの江川の他に堀内恒夫、西本聖、新浦壽夫、加藤初ら錚々たる顔ぶれだった。2軍にも塩月勝義をはじめ、他球団なら1軍で投げているいると思われるピッチャーがいて、とても北野が割り込めそうな余地はなかった。

他球団の2軍にも怪物はいた。ロッテのルーキー落合博満である。

30年以上前に受けた衝撃を、北野は今もはっきりと覚えている。

「1年目、初めての対戦がライトフライでした。確かインコースの真っすぐだったと思いますが、地方球場のライトのフェンスぎりぎりまで運ばれました。リストの強さ、懐の深さ、ボールを押し込むような独特の打ち方。ボールがバットに乗っている時間が長いんです。〝なんで、こんな人が2軍にいるんだろう〟と思いましたよ。確か5打席くらい対戦して、2本くらいヒットを打たれていると記憶していますが、ヒットよりも初対戦でのライトフライの印象の方が強烈でした。この15年後、落合さんは中日からFAで巨人にやってきて、今度はバッティングピッチャーとして接するようになるわけですが……」

サブマネジャーの打診

北野は高校時代、マウンドに立たない時にはライトを守っていた。バッティングには自信があった。球団もやれるところまではピッチャーをやらせ、その後は野手として育てようという方針だったようだ。

「結局、3年間だけピッチャーをやって、2軍の成績は2勝2敗。防御率は5点台でした」

3年目のシーズンが終わった段階で、正式に野手転向を命じられた。手始めに守らされたポジションはサードだった。

当時、1軍のサードは〝若大将〟の原辰徳が守っていた。ファーストはサードから転向した〝絶好調男〟の中畑清、セカンドは好守巧打の篠塚利夫、ショートは強肩の河埜和正という盤石の布陣だった。

「簡単にとれるポジションがないことははじめからわかっていました」

そう前置きして、北野は振り返る。

「球団にどういう考えがあったかはわかりませんが、こっちは必死になって練習するしかない。2軍だって同期入団の森谷昭さんというサードがいて、僕は控えという扱いだった。後のない僕は多摩川の練習から合宿所に帰ってからもひとりで黙々とバッティング練習をしていました。今日は何箱と決めてマシン相手に打ち込むんです。その姿をじっと見ていたのが寮長だった武宮敏明さん。〝こいつ、いつ辞めるんだろう？〟と思いながら見ていたそうです。

結局、野手でも難しいということになって、武宮さんから〝2軍のサブマネジャーにならないか？〟と打診を受けました。選手失格の烙印を押されたわけですから、それはショックでした。〝よっしゃ頑張るぞ！〟という気持ちで毎日やっていたわけですから。

しかし、もし、この話を断ったらもうこの世界には残れないかもしれないという漠然とした不安もありました。武宮さんには〝ちょっとだけ考えさせてください〟とは言ったんですが、それは気持ちの整理をつけるための時間でした。

後悔があるとすれば後楽園球場で、たとえ1打席でも1イニングでもいいから、あのカクテル光線の中でプレーしてみたかった。それは、今でもしみじみと思いますね」

サブマネジャーとは言っても、要するに雑用係である。広報に用具係、宿屋や交通チケットの手配、精算係とありとあらゆる仕事をこなした。

ある日、張りつめていた気持ちが切れそうになった。疲れが一気に押し寄せてきたのである。

「まだ携帯電話なんかない時代です。練習が終わって寮に帰ってからも、僕だけは外出もできなかった。いつ寮に取材依頼の電話がかかってくるかわからないからです。門限が10時だったら、そこまでは絶対にいなくちゃいけない。

そんな生活が続いたものだから、ノイローゼに近い状態に追い込まれてしまった。そこで武宮さんに〝マネジャーではなく、体を使ってチームを手伝えるような仕事をさせてください〟とお願いしました。

運のいいことに、たまたま1軍のバッティングピッチャーが人数的に手薄で、僕におハチが回ってきた。1軍の末次利光コーチから〝一度、練習に来い！〟とお呼びがかかり、投げてみると、すぐにOKが出ました」

契約更改で〝成績〟を提示

北野の長所はコントロールのよさだった。これはバッティングピッチャーにとっては絶対条件である。そもそもボールがどこにくるかわからないようでは練習にならない。

一方で北野には欠点もあった。クセ球で右バッターへのインコースのボールはシュート回転し、逆にアウトコースのボールは、スライダー気味に切れていった。

そんな北野に助け舟を出したのが末次だった。末次は選手たちにこう言った。

「オマエら、試合になったら、きれいな真っすぐばかりは投げてくれんぞ。クセ球に対応するのもオマエらの技術だろう。だから我慢して打ってやってくれ」

とはいうものの、バッターに気持ちよく打ってもらうのがバッティングピッチャーの第一の仕事だ。クセ球は早めになおす必要があった。

「やはり、この仕事を長く続けようと思えば、きれいな真っすぐを投げなければいけない。ボールの握りを変えたり、壁にボールを当てて真っすぐ行ってるか確認してみたりと、自分自身であれこれ工夫しました。しかも肩やヒジに負担がかからない投げ方じゃなければ、1

日に100球以上投げられない。

体のケアにも気を遣いました。お風呂に入ると、まずシャワーで肩を温め、次いで冷やしました。石鹸を使ってマッサージをしながら肩やヒジをもみほぐしました。選手の治療後、トレーナーに〝ちょっと鍼をうってください〟とお願いしたこともあります」

バッティングピッチャーは基本的に1年契約だ。年俸制は選手と同じだが、査定の対象となる数字がない。それを疑問に思った北野は、ある年、誰に何球投げたか、時間はどれくらいかかったかを全て記録した。その結果、次のような数字が弾き出された。

「1日平均120球、時間にすると平均22分。1年トータルでは1万5000球。これをどう評価するのかとダメ元で契約更改の場に出したら、査定担当の方がびっくりしていました。〝これは参考にさせてもらう〟と。それまで、誰もやったことがなかったのでしょう」

選手からの個性的な注文

バッティングピッチャーはバッターに向かって、ただボールを投げるだけが仕事ではない。フォームやスイングについても意見を求められることがある。

たとえば原は神経質なくらい、自らのフォームについて訊ねてきた。

「マウンドから僕の背番号8のどの部分が見える？」

原は不振に陥ると左肩が入り過ぎるきらいがあった。つまり「8」が丸見えになってしまうのだ。といって全く見えないようでは、ひねりがきかない。

毎日、原の背中を確認しているうちに、ベストの構えがわかるようになってきた。

「原さんの調子がいい時はマウンドから『8』の3分の1くらいが見えるんです。〝今日は、このかたちだったら大丈夫ですね〟と言うと、本人も安心していました」

逆に何も注文をつけてこないバッターもいた。中畑である。

「こう言っちゃ失礼かもしれませんが、中畑さんは典型的な気分屋。技術うんぬんではなく、とにかく気持ちよく打たせてあげればいいんです。そのまま試合に入っていきたいというタイプでした」

わざわざ「全然考えなくていいからな。好きなところに投げてくれ」と変わった注文を出すバッターもいた。篠塚である。

「篠塚さんは、どんなボールにも手を出してくれるんです。実戦を想定しているんでしょうね。〝今のはボール球だけどファウルにできた〟などと言っていました。自分のポイントだけを確認していたようでした」

難しいボールばかり要求してくるバッターもいた。代打の中井康之である。

「主力選手だったら、4打席の中で結果を出せばいいわけですから、真っすぐを気持ちよくポンポン打って気分よく試合に入りたいと考えるでしょう。ところが代打はそうはいかない。一番難しい場面で出ていくわけですから、真っすぐで勝負にくるピッチャーなんていない。そこで難しい変化球ばかり要求してくるんです。自分の立場を理解すればこその練習法でした」

極め付けは、既に三冠王を3度獲得していた落合である。93年オフにＦＡで巨人に移籍してきた。落合が北野に要求したボールは、何と山なりのスローボールだった。

「落合さんが言うには速いボールは、誰でも打てる。ところが緩いボールは簡単には打てない。ボールを呼び込み、最終的に軸足にしっかり体重を乗せないと、遠くへは飛ばせないというものでした。〝30分これができるのはオレだけだよ〟とも言っていました。

キャンプが始まって間もない頃、落合さんはバッターボックスに入りませんでした。〝下半身ができるまでは打たない〟というのが落合さんの主義でした。下半身ができて軸足に体重がためられるようになると、ボールに逆回転をかける練習を始めました。ボールの下半分を叩くとボールがポンと上がる。このことは若い頃の松井にも教えていました。

バッティングピッチャーにとって山なりのスローボールを投げるのは辛いこと。一度、イップスになりかけました。見かねた落合さんが〝このままじゃ、オマエの肩が潰れてしまう。もう普通に投げろ。今までありがとう〟と言ってくれたこともあります」

裏方であるバッティングピッチャーが日の目を見ることは少ない。どんな時にやりがいを感じるのか。

「投げ終わった時に、年上の人だったら〝ありがとう〟、年下だったら〝ありがとうございます〟と言ってくれる。そのひと言で僕たちは報われるんですよ」

13年5月5日、北野は東京ドームに招かれた。巨人対広島戦の前に国民栄誉賞授与式と松井の引退セレモニーが行われたからだ。久々に会った松井からは「風格が感じられた」という。

東京ヤクルトスワローズ
◉打撃投手兼スコアラー

山口重幸

Shigeyuki Yamaguchi

一流選手は
要求のレベルが違う。
“こいつ一流だな”
と思わせる質問を
ぜひしてほしい。

山口重幸（やまぐちしげゆき）
1966年、東京都生まれ。
85年、ドラフト6位で阪神入団。
高校時代の投手から転向して
内外野のポジションを経験した後、
内野の守備固めとして活躍。
95年、ヤクルトに移籍。
同年は三塁手の守備固めなどで
自己最多77試合に出場し、
チームの日本一に貢献した。
96年、引退。翌年より打撃投手となり、
後にスコアラーを兼任する。

外国人が日本で活躍する条件

２０１３年、東京ヤクルトのウラディミール・バレンティンはプロ野球記録となる60本塁打をマークし、３年連続でホームラン王に輝いた。

彼は50号をマークした8月27日の中日戦後、自信に満ちた口ぶりで、こう言った。

「正直、50本打てるなんて想像もできなかった。今月は自分のやること全てが、いい方向にいっている。（日本記録の55本超えは）十分、自信がある」

もともとパワーには定評のあったバレンティンだが、13年シーズンは〝飛ぶボール〟に仕様が変わったこともあって、さらに飛距離を伸ばした。

もうひとつ、見逃してならないのは、打席での読みが鋭くなったことだ。

「今年（13年）はボール球を振らなくなりましたね」

こう指摘したのは、今回の主人公・山口重幸だ。ヤクルトのバッティングピッチャー兼スコアラーを20年近く務めている。

続けて山口は言った。

「バレンティンが好調なのは、自分がピッチャーにどう思われているのか、それに気付いたからでしょう。たとえばフルカウントから自らに対してストライクを取りにくるピッチャーはいるか。いるわけがありません。やっと、それがわかってきた。

以前は何でもかんでも手を出していましたが、今は辛抱強く狙い球を待っている。たとえば〝抜けスラ〟。抜けたスライダーのことですが、これが一番、よく飛ぶボールなんです。緩めの変化球が高めに抜けたところを打つ。今季（13年シーズン）、ホームランを量産している大きな理由がこれです。

翻って、苦手にしていたのがインサイドのボール。外国人選手の多くが、ここを苦手にしています。アメリカのストライクゾーンは内側が狭いからでしょうね。

バレンティンも、以前はインサイドを徹底して攻められ、調子を崩すことがありましたが、今はインコースのストライクを狙って打つことができるようになりました。というより、このボールは狙わないと打てないんです。特にインサイドに真っすぐをきちんと投げてくるピッチャーに対しては、そうです。

インサイドのボールを、きれいに打ち切るのは容易ではありません。バレンティンも〝インコースは詰まる〟と言っていました。それでもフェンスの向こうにまで運べるのは、彼の能力という以外に言いようがない。それに見た目以上に柔軟性がありますよ」

ヤクルトはバレンティン以外にも、チャーリー・マニエル、ジャック・ハウエル、ドゥエイン・ホージー、ロベルト・ペタジーニ、アレックス・ラミレスなど昔から外国人の選び方、育て方に定評がある。

日本で活躍する外国人と失敗する外国人とでは、どこが違うのか。

「郷に入っては郷に従え、じゃありませんが、野球のみならず、日本の生活や習慣に合わせられる選手の方が成功する確率が高いような気がします。今、名前の出た選手は皆、それなりに日本語もしゃべれました。

それにハングリー精神があります。ウチに来る外国人のほとんどがメジャーリーグに定着できなかった選手。だから〝ここで頑張らなければ後がない〟という思いが強いようです。

元々、持っている力は半端じゃないですからね。日本のピッチャーの攻め方を覚えたら、そこそこの成績を収めることができるようになります。

逆に失敗する選手の多くは、米国のスタイルを引きずって、日本流に合わせることができない。それじゃ向こうでは通用しても、こっちじゃ通用しませんよ。日本の野球は、そう甘くありませんから……」

ノムさんにやる気を買われる

そもそも野球におけるスコアラーとは、何をする人なのか。ひらたく言えば相手投手や捕手、打者の情報を収集し、それらを分析して調子や傾向を味方に伝えるのが主な仕事である。スコアラーはチーム付きと先乗りに分かれており、だいたい5～8人体制を敷いている。スコアラーの多くが元プロ野球選手である。

山口も阪神、ヤクルトで12年間にわたって内野手としてプレーした。主に守備固めとして計283試合に出場し、通算打率2割2厘、1本塁打、15打点、2盗塁を記録している。

現役引退後、バッティングピッチャーに転向し、スコアラーも兼務するようになった。この仕事をするにあたり、最も大きな影響を受けた人物が、元監督の野村克也である。

1994年、阪神を自由契約になった山口はテストを受け、ヤクルトに入団した。どこでも守れるユーティリティープレーヤーぶりが指揮官の目に留まったようだ。

「どうも野村さんは僕みたいな地味な選手が好きだったみたいです。〝オレも一度クビになりかけて、そこから這い上がってきた〟と言っていました。地味な選手でも〝やる気が見えるんだったら、そっちを使ってやる〟と。ちょうど僕が入った95年は内野手が手薄でした。

それも僕にとってはラッキーでした」

この年、山口は自己最多の77試合に出場する。守備に不安のあったヘンスリー・ミューレンに代わって試合後半、サードのポジションに就くことが多かった。

当時のヤクルトの抑えの切り札はサイドスローの高津臣吾。右バッターのヒザ元に沈むシンカーを決め球にしていた。当然、サード方向への打球が多くなる。それに対応するのが山口の仕事だ。

山口の回想。

「キャッチャーの古田敦也さんなんて、もうあからさまに、こっちを指すんです。〃そっちに行くぞ〃って。すると、本当に飛んでくる。三塁線に寄れとか、三遊間を締めろとか、指示がものすごくきめ細かいんです。

だけどピッチャーが投げる前に動くのはやめてくれ、と。それじゃサインがバレちゃいますから。だから、バッターが打ちにいく直前に動くんです。あの頃のヤクルトは非常にレベルの高い野球をやっていました」

〝頭のないヤツは生き残れない〟

野村の教えはどういうものだったのか？

「勝つためには、どうしなくちゃいけないのか。それを徹底して考えるのが野村流です。要するに自分はどういう選手で、ベンチから何を求められているのか、それをきちんと把握しろと。

野手の場合、相手ピッチャーに対する情報がなければ、出塁することもできません。コントロールがいいのか悪いのか、ストライクは何で取ってくるのか、決め球は何か。もう教わること全てが〝目からウロコ〟でした。

野村さんは〝頭のないヤツは1軍では生き残れない〟とも言っていました。プロなら練習するのは当たり前、技術があるのも当たり前。しかし、結果を残そうと思えば頭だと。

阪神時代は〝やればできる〟という教えでした。いわゆる根性論。それだけに野村さんの教えは新鮮でした。

野村さんは選手個々に、役割をはっきり認識させるんです。それは代打であっても代走であっても守備固めであっても同じです。〝この場面はオマエだぞ〟ということをわからせてくれるから準備がしやすい。

だから準備を怠った選手に対しては、厳しく叱っていました。〝試合はプレーボールの声がかかる前から始まっているんだ〟と。ミーティングも細かく、6時開始のゲームなのに、4時から延々、5時45分まで続けたこともあります(笑)。

スコアラーになってからも、野村さんにはよく叱られました。先発ピッチャーを読み間違えると〝外した根拠は?〟と。〝なんで左って言ったんだ?〟と突っ込まれるんです。

それに対して、こういう理由ですと答えないと、また叱られる。根拠のない答えを一番嫌がる人でした」

打撃投手兼スコアラーに

現役引退後、内野手の山口がバッティングピッチャーになったのには理由があった。後で詳しく述べるが、東京・岩倉高時代、山口はエースとして84年のセンバツで優勝しているのだ。

「オマエ、高校の時、ピッチャーやったろう? だからバッティングピッチャーやってくれ。全試合に帯同させる」

球団からそう命じられ、いわゆる〝裏方〟になった。バッティングピッチャーがスコアラーを兼務することは少なくない。試合が始まるまではグラウンドで汗をかき、試合が始まればベンチで相手ピッチャーの調子や配球を探った。

「僕の主な仕事は、相手ピッチャーの情報をウチのバッターにどう伝えるかということ。配球表に球種やコースを書き込み、試合の途中でバッティングコーチや選手に〝今日の（相手バッテリーの）攻め方はこうだ〟とか〝今までの配球とは違う〟などと伝える。

主に伝えるのは、一番ストライクを取られているボールとか、手を出しちゃいけないボールですね。〝2ストライク取られるまでの配球は、どうなっているのか?〟などと聞いてくる選手もいます」

ヤクルトにはスコアラーが10人前後おり、14年現在は先乗りが4人、兼任が6人、球団付きが1人だ。

「先乗りはセ・リーグの場合、対戦前の2カード、計6試合の調査が基本です。先発ピッチャーは、だいたい中6日で投げてくるので、そこで見たピッチングの内容を基に資料をつくります。

ただし、ベンチにおける電子機器の使用は禁じられているので資料は全て紙です。ビデオを撮っても、そこで観ることはできない。本当はベンチにパソコン1台あれば楽なんですけどね。バレーボールみたいに野球もタブレットが使用できれば配球の読みあいとか、もっと面白くなると思うんです。でも、映像があるとキャッチャーのサインまでわかっちゃいますからね」

このように情報戦争の最前線を仕事場とするスコアラーだが、どんなにいい情報を集めても、使う側のベンチや選手が興味を示さなければ意味をなさない。単なる〝宝の持ち腐れ〟となる。

逆に言えば、スコアラーを生かすも殺すもベンチ次第、選手次第なのだ。

一流は要求のレベルが高い

ヤクルトにおいて、スコアラーの使い方がもっともうまいのは、昨年、19年に及ぶ現役生活にピリオドを打った宮本慎也だと山口は言う。

試合中、2人の間では、こんなやりとりがかわされていた。

「山口さん、インサイドを狙っていいですか?」

「いいんじゃやない。その代わり、低めのボールは引っ張るかおっつけるか、はっきりさせといた方がいいよ」

「変化球は狙わない方がいいですか？」

「変化球の場合はセンター方向だね」

山口によればレベルの高い選手になればなるほど、スコアラーへの要求も高くなってくるという。

「慎也なんか典型ですね。これは狙っていいボールなのか、狙っちゃいけないボールなのか。今日、この変化球は、どれだけストライクになっているのか、そのあたりを細かく聞いてきます。

というのも、どんなにいいバッターでもインサイドギリギリやアウトローいっぱいのストレートはそう簡単に打てるもんじゃない。つまりどこかで割り切らなければならないんです。

そのためには2ストライクに追い込まれるまでに勝負しなくちゃならない。追い込まれたら、ピッチャーはいろんなボールを投げてくるので容易には対応できないんです。

僕の経験で言えば、割り切りがうまかったのが慎也と古田敦也さん。特に右バッターは、インサイドに速いボールを放られると、簡単には打てません。捨てるんだったら、腹を決めて最初から捨てるしかない。

バッターにとって一番、嫌なのは詰まらされること。これって、結構恥ずかしいんです。ところが、本当にいいバッターは詰まることを恐れない。〝いいところに落としてナンボ〟という考え方をします。

慎也も古田さんも、そういう考え方でした。だから率が残る。真っすぐを待ちながら変化球に対応できるのが一流の条件ですが、右バッターでは彼らの他に、福岡ソフトバンクの内川聖一が、そのタイプだと思いますね」

山口の話を聞いていて、ふと内川との会話を思い出した。09年の第2回WBCで内川は初めて日本代表メンバーに選出された。

2月に宮崎で行われたキャンプでの出来事。まだ代表候補だった内川は南国の地で一心不乱にバットを振り込んでいた。

内川には心ときめく先輩がいた。当時、マリナーズに所属していたイチロー（現ヤンキース）である。

ある日、内川は勇を鼓して聞いてみた。

「イチローさん、わざと詰まらせて打つ時ってあるんですか？」

イチローの答えは明快だった。

「あるよ。追い込まれた時に内角のボールをカーンとライトに引っ張ってファウルを打ったところで、ピッチャーは何とも思わないんだ。オレはピッチャーに一番ダメージを与えられるような打球は何かをいつも考えている。詰まってグシャッとなってもヒットになる。これがピッチャーにとっては一番嫌なんじゃないか」

目の前の霧が晴れた。それまで内川は「バットの芯で打つのが一番きれいなバッティング」と考えていた。バッティング練習でも快音を追いかけていた。

「でもイチローさんと話したことで、時と状況によっては打ち方を変えなければならないということがよくわかった。ものすごく勉強になりましたね」

13年8月21日（現地）、日米通算4000本安打を達成したイチローだが、糸を引くようなきれいなヒットばかりではない。内野安打もあれば、業界用語でいうカンチャン（詰まって野手の間に落ちるポテンヒット）もある。

イチローの場合、わざとタイミングをずらすことで、ピッチャーが嫌がるヒットを狙っていたフシもある。あれだけ広角に、しかも強弱、緩急のついた打球を自在に打ち分けられたら、バッテリーはもちろん、内野手も外野手もお手上げだろう。

その意味で、イチローほどスコアラー泣かせのバッターはいないと言えるかもしれない。

ＰＬを退けた世紀の番狂わせ

山口に話を戻そう。彼の名前が一躍、全国区となったのは84年のセンバツである。岩倉高のエースとして、甲子園に出場した山口は、あれよあれよという間に決勝にまで勝ち進む。勝てば初出場初優勝だ。

しかし相手が相手だった。トーナメントの、もうひとつの山を駆け上がったのは前年夏の優勝校ＰＬ学園高（大阪）。エースが2年生の桑田真澄、4番が同じく2年生の清原和博だった。

決勝を前に、山口は関係者からこう言われた。

「恥ずかしくない試合をやってくれ！」

やる前から、結果はわかっていると言わんばかりの口ぶりだった。それも無理はない。前年の夏、最強と言われた水野雄仁擁する池田高（徳島）に圧勝し、頂点に上り詰めたＰＬ学園の投打のヒーローが健在なのだ。山口本人も、勝てるなどとは露ほども思っていなかった。

しかし、高校野球はやってみなければわからない。試合が終わって紫紺の大旗を手にしたのは、圧倒的不利が伝えられた岩倉だった。

「8回裏にウチの7番バッターがツーベースを放ち、その後2死一、二塁となった。ここで2番バッターがライト前にポトリと落として1対0。結局、それが決勝点になったんです。こっちは最後まで勝てるなんて思わなかった。僕はただ1球1球、必死で投げていただけ。緊張したのは9回表2死、あとひとりになった時です。〝このバッターを抑えたら勝ちだ〟と思うと、血が逆流してきた。あんな体験は後にも先にも、あの時だけです。で、最後のバッターはセンターフライ。実は打球が上がった瞬間、ホームランかと思った。ところが風で押し戻された。まぁ、言ってみれば最大の勝因は運ですかね。それ以外、考えられないですよ」

桑田と清原に対する印象は？

「桑田には14個も三振を取られました。レギュラー全員が三振。特によかったボールはカーブ。切れがよくてドロップみたいでしたね。桐光学園（神奈川）時代の松井裕樹君が投げていたようなカーブでしたよ。

清原に対しては基本的に勝負を避けました。ちょっとズルいやり方ですけど（笑）。だって、普通にやったら、間違いなく打たれますからね。

配球は真っすぐのインコースを見せておいて、最後はスライダー。フォアボールでもいいという考えでした。運よくノーヒットに抑えたはずです」

投手・捕手以外の全てを経験

その年の秋、山口は阪神にドラフト6位で指名された。「プロでは野手で」と言われ、入団するなり内野手に転向した。

当時の阪神内野陣は不動のメンバーだった。ファーストがランディ・バース、セカンドは岡田彰布、サードは掛布雅之、ショートは平田勝男。山口の頭には「絶望」の2文字が浮かんだ。

「これは、もう絶対に無理だなと諦めました。1年で辞めようとさえ思った。あまりのレベルの違いに、全くついていけませんでした」

この年、つまり85年、阪神は21年ぶりのリーグ優勝、2リーグ制になって以降、初の日本一を達成した。山口は2軍でプレーする傍ら、ネット裏でスコアラー助手のような仕事もやらされた。それは新人教育の一環でもあった。

「1年目、阪神の選手たちは野球を勉強するために、バックネット裏からチャートを付けたりするんです。忘れもしない4月17日、バース、掛布、岡田のバックスクリーン3連発を目の当たりにしました。その瞬間、鳥肌が立ったことを覚えています」

入団4年目の88年、山口は初めて1軍に上がり、主にサードの守備固めとして35試合に出場する。守れと言われればどこでも守った。ユーティリティープレーヤーと言えば聞こえはいいが、「生き残るために必死だっただけです」と本人は述懐する。

「もう1軍にいられるのなら何でもやりましたよ。ポジションもピッチャーとキャッチャー以外は全部、やったはずです。幸い、阪神はバースもトーマス・オマリーも守備に不安を抱えていた。勝ちゲームになると、僕に出番が回ってきた。

あるいはショートの平田さんに代打が出ると、僕がショートに入る。器用貧乏と言えば器用貧乏だけど、やれることは何でもやらないと僕は生き残れなかった。ただ全部のポジションを経験したことは、野球を知るという意味でスコアラーになってからも役に立っていると思います」

生涯、記録したホームランはたったの1本。阪神時代の89年、大洋（現横浜ＤｅＮＡ）のエースだった遠藤一彦から奪ったものだ。

「打ったのは抜けたフォーク。辞める前に遠藤さんに言われました。〝オマエにフォークを打たれたら終わりだと思って辞めたんだよ〟って（笑）」

選手は一流と思わせる質問を

ヤクルトのスコアラーは12球団の中でもトップクラスだと言われている。言うまでもなく野村ＩＤ野球が基盤となっている。

知将の薫陶を受けた山口は今でもミーティングの場で野村の教えを披露する。

「たとえば、先発ピッチャーに球数を多く放らせたい時は〝このピッチャーは１００球までだからな〟と、はっきり口にします。

野村さんの教えに〝3割打とうと思えば、１試合に１個のバントと１個のフォアボールと1本のヒットでいい〟というものがあります。これなら２つ凡打があっても、単純計算で３割３分３厘になります。

とりわけ重要なのがフォアボールです。野村さんは〝フルカウントになったらヒットを狙うな。フォアボールでいい〟とよく言っていました。〝このカウントでフルスイングしてもいいのはホームラン30本以上打ってるヤツだけだ〟と。

フォアボールを取れば、必然的に球数が多くなる。夏場なら、もうそれだけでピッチャーは消耗します。これも勝つためには必要な戦法です。強いチームは、こうした意識が全員に浸透している。決めたことは徹底する。これが野村さんから一番、教わったことです」

しかし近年、野村門下生はあちこちに散らばり、必勝の虎の巻も門外不出ではなくなった。すなわち〝弱者の戦法〟が通じなくなってきているのだ。

「それは確かにありますね。ただ、どんなに素晴らしいデータがあっても、最終的にそれを使う、使わないは選手の判断。こっちはあくまでも材料を提供するだけ。僕たちからすれば、〝こいつ、一流だな〟と思わせる質問をして欲しい。それが、こちらのやりがいにもつながるわけですから……」

読みこなしてこそのデータ、使いこなしてこそのスコアラーということか。ネット裏やベンチの中の黒衣《くろご》の存在にも注意を払っておきたい。

二宮清純（にのみやせいじゅん）
1960年愛媛県生まれ。スポーツ紙や流通紙の記者を経て、フリーランスのスポーツ・ジャーナリストとして野球、サッカー、ボクシングなどを取材。新聞、雑誌、テレビ等を舞台に幅広く活動中。株式会社スポーツコミュニケーションズ（http://www.ninomiyasports.com）代表取締役。スマートフォン専用サイト「ニノスポ」（http://ninospo.com）でも情報を発信中。主な著書に、『勝者の思考法』（PHP新書）、『最強のプロ野球論』『プロ野球の一流たち』（以上、講談社現代新書）、『プロ野球の職人たち』（光文社新書）、『プロ野球「衝撃の昭和史」』（文春新書）がある。

プロ野球《やきゅう》の名脇役《めいわきやく》

2014年4月20日初版1刷発行

著　者 ― 二宮清純
発行者 ― 丸山弘順
装　幀 ― アラン・チャン
印刷所 ― 萩原印刷
製本所 ― 関川製本
発行所 ― 株式会社光文社
東京都文京区音羽1-16-6（〒112-8011）
http://www.kobunsha.com/
電　話 ― 編集部03（5395）8289　書籍販売部03（5395）8116
業務部03（5395）8125
メール ― sinsyo@kobunsha.com

Ⓡ本書の全部または一部を無断で複写複製（コピー）することは、著作権法上の例外を除き、禁じられています。本書をコピーされる場合は、事前に日本複製権センター（http://www.jrrc.or.jp　電話03-3401-2382）の許諾を受けてください。また、本書の電子化は私的使用に限り、著作権法上認められています。ただし代行業者等の第三者による電子データ化及び電子書籍化は、いかなる場合も認められておりません。

落丁本・乱丁本は業務部へご連絡くだされば、お取替えいたします。
© Seijun Ninomiya 2014　Printed in Japan
ISBN 978-4-334-03792-5

669
消費増税は本当に必要なのか？
借金と歳出のムダから考える日本財政
上村敏之
どんどん膨れ上がる日本の借金。消費増税で本当に財政再建はできるのか？　税金、公債、歳出のムダなど喫緊の課題を手がかりに、〝国家の財布〟を見る目を鍛える。
978-4-334-03772-7

670
談志の十八番
必聴！　名演・名盤ガイド
広瀬和生
最晩年まで談志の高座を追いかけ続けた著者が、「入門者にお勧めしたい十八番演目」という切り口で贈る、CD・DVD・ネット配信コンテンツの名演ガイド決定版！
978-4-334-03773-4

671
就活のコノヤロー
ネット就活の限界。その先は？
石渡嶺司
『就活のバカヤロー』から6年で、何がどう変わったのか？長年、就活の取材を続けてきた著者が、学生、企業、大学のホンネに迫りつつ、その最前線の取り組みをレポート。
978-4-334-03774-1

672
回避性愛着障害
絆が稀薄な人たち
岡田尊司
親密な関係が苦手、責任や束縛を嫌う、傷つくことに敏感、失敗を恐れる……。急増する回避型の愛着スタイルは、少子化・晩婚化の真の原因か？　現代人の壊れた愛着を考える。
978-4-334-03775-8

673
体内時計のふしぎ
明石真
あなたは「朝型人間」？「夜型人間」？　近年、体内時計と病気の関係が次々と明らかにされている。現代人が心身の健康を保つ秘訣とは？「病気と予防の時間生物学」入門。
978-4-334-03776-5

674
色彩がわかれば絵画がわかる
布施英利

すべての色は三原色をもとにして作られる。これが、四色でも二色でもダメなのはなぜか。そもそも「色」とは何なのか。シンプルな色彩学の理論から、美術鑑賞の知性を養う一冊。

978-4-334-03777-2

675
税務署の正体
大村大次郎

半沢直樹〝黒崎査察官〟の正体とは、税務署員は「会社を潰して一人前」、調査官には課税ノルマがある、脱税請負人のほとんどは国税OB……元調査官が謎の組織の実態を暴く！

978-4-334-03778-9

676
君の働き方に未来はあるか？
労働法の限界と、これからの雇用社会
大内伸哉

「雇われて働く」とはどういうことか、労働法は今後も頼りになるか、プロとして働くとはどういうことか——。「これからの働き方・生き方」に迷っている人の指針を示す。

978-4-334-03779-6

677
TVニュースのタブー
特ダネ記者が見た報道現場の内幕
田中周紀

共同通信社からテレビ朝日に転職。社会部・経済部の記者、「ニュースステーション」「報道ステーション」のディレクターを務めた著者が、体験を基にテレビ報道の内情を明かす。

978-4-334-03780-2

678
背すじは伸ばすな！
姿勢・健康・美容の常識を覆す
山下久明

腰痛、肩こり、イビキにメタボ……。これらはみな「背すじ伸ばし」が原因だった!?　人類史と人体構造の考察を通して、美容と健康を維持する〝姿勢のカギ〟を導き出す。

978-4-334-03781-9

679
出世したけりゃ
会計・財務は一緒に学べ！
西山茂
会社の数字とは接点がなかった現場社員が、経営幹部になるために最低限必要な会計と財務のポイントを解説。2分野のキモを一緒に押さえれば、誰でもトップ経営者になれる！
978-4-334-03782-6

680
なぜ僕は「炎上」を恐れないのか
年500万円稼ぐプロブロガーの仕事術
イケダハヤト
他人との衝突を恐れて、言いたいことを言えない人生はもったいない。年500万円を売り上げるプロブロガーが「炎上」をキーワードに、ストレスフリーな新しい生き方を指南。
978-4-334-03783-3

681
高学歴女子の貧困
女子は学歴で「幸せ」になれるか？
大理奈穂子
栗田隆子
大野左紀子
水月昭道監修
女子を貧困に追いやる社会構造のなかで、教育、キャリア、結婚、子育てをどう考えればいいのか？　当事者が自らの境遇と客観的なデータをもとにその実態を明らかにする。
978-4-334-03784-0

682
迫りくる「息子介護」の時代
28人の現場から
平山亮
解説　上野千鶴子
嫁でも娘でも妻でもなく「息子が親の介護」という異常事態!?を機に表出する、男社会の息苦しさ、男社会のあるあるとは。男性介護者の思いを丁寧に描き出す、もう一つの「男性学」。
978-4-334-03785-7

683
なぜ、あなたの薬は効かないのか？
薬剤師しか知らない薬の真実
深井良祐
日々の生活と切っても切れない関係にある薬。しかし、私たちは薬の基本的な性質を知っているでしょうか？「自分の健康は自分で守る時代」に必要な考え方を、この一冊で学ぶ。
978-4-334-03786-4

684
弁護士が教える 分かりやすい「所得税法」の授業
木山泰嗣

給与所得や源泉徴収など身近でありながら、実にややこしいのが所得税法。本書は、初学者から実務者までを対象に、所得税法の基本ポイントをわかりやすく解説する。

978-4-334-03787-1

685
ヤクザ式 相手を制す最強の「怒り方」
向谷匡史

怒りは、ぶちまけても抑えすぎても害をもたらす〝負の感情〟。それを無敵の武器に変え、交渉を制する技術をヤクザから盗め！ 取材経験の豊富な著者が「怒りの極意」を伝授。

978-4-334-03788-8

686
生殖医療はヒトを幸せにするのか 生命倫理から考える
小林亜津子

生みどきが来るまで「卵子凍結」、遺伝子解析技術で「生み分け」、提供精子でみずから「シングルマザー」に……。さまざまな生殖医療技術が人間観、家族観に与える影響とは何か。

978-4-334-03789-5

687
日本の居酒屋文化 赤提灯の魅力を探る
マイク・モラスキー

人は何を求め、居酒屋に足を運ぶのか？ 40年近い居酒屋経験を誇る著者が、北海道から沖縄まで、角打ちから割烹まで具体的なお店（120軒）を紹介しながら、その秘密に迫る。

978-4-334-03790-1

688
がんに不安を感じたら読む本
本荘そのこ
中村清吾 監修

がん治療は、患者ひとりひとりにあったオーダーメード医療といわれる時代に突入している。2人に1人は生涯にがんに罹患するいま、大切な心がまえとは何か。そのヒントを示す。

978-4-334-03791-8

689
プロ野球の名脇役
二宮清純

大記録の陰に名脇役あり。エースや4番の活躍だけが野球じゃない！　長年野球を見てきたジャーナリストが、脇役たちの物語に光を当て、プロ野球のもう一つの楽しみ方を伝授！

978-4-334-03792-5

690
違和感から始まる社会学
日常性のフィールドワークへの招待
好井裕明

日常の小さな亀裂から問題を発見し、読み解く力とセンスとは？　思いこみ、決めつけの知に囚われている自分自身を振り返り、日常を〝異なるもの〟として見直す。

978-4-334-03793-2

691
ホテルに騙されるな！
プロが教える絶対失敗しない選び方
瀧澤信秋

どうすれば安く、賢く泊まれるのか？　年間200泊を超えるホテル評論家が、一般利用者でもすぐに使える知識を徹底指南。あくまでも〝宿泊者目線〟を貫いた画期的な一冊。

978-4-334-03794-9

692
テキヤはどこからやってくるのか？
露店商いの近現代を辿る
厚香苗

「陽のあたる場所から、ちょっと引っ込んでいるような社会的ポジション」を保ってきた日本の露店商。彼らはどのように生き、商売をしているのか――。その仕事と伝承を考察。

978-4-334-03795-6

693
10日もあれば世界一周
吉田友和

「世界一周航空券」の登場により、夢のような旅だった世界一周がどんどんお手軽になっていく。どの国を、どんな順番で回るか。仕事を辞めず、短い休みで実現する方法を教える。

978-4-334-03796-3